校長職と学校経営

上岡　仁
UEOKA, Hitoshi

溪水社

はじめに

　校長として勤務した期間は7年である。その間に3つの公立学校を経験した。1校目は中規模のA小学校で2年間，2校目は大規模のB中学校で3年間，3校目は大規模のC小学校で2年間である。A小学校，C小学校は，B中学校区の小学校である。7年間で3校というのは少し多いのかもしれない。一般的には，多くても2校であろう。小学校と中学校の両方を経験することは，視野を広げ自らを高めるよい機会となった。大変幸せなことだと思っている。3校のいずれの学校においても，児童生徒や教職員，保護者，地域の人との出会いから言葉に尽くせないほどたくさんのことを学んだ。

　3校で共通して実践したことは「和」を理念とした学校経営である。校長として，組織マネジメントをはじめ経営に関する専門的な知識を身に付けておくことは大切である。しかし，こうした知識を身に付けていたとしても実際の学校経営は必ずしもうまくいくとは限らない。校長職に就いている者の多くが実感していることである。

　児童生徒や教職員は校長を選ぶことができない。教職員から「あの校長のもとであれば働きやすい」と思われるようになることが理想である。しかし，これが難しい。最終的には，校長（リーダー）と教職員（フォロアー）との関係をどのように築いていくか，また，どのようにして○○学校チームとして全教職員の力を結集し，児童生徒の健全な成長のためによりよい教育実践をすることができるか

にかかっている。

　そこで，自らリーダーとしての資質を高めるように努めるとともに，経営理念として「和」を掲げて学校経営に取り組んだのである。7年間の実践を振り返りながら，自分なりに努力し成果を上げたことだけでなく，うまくいかなかったことについても可能な限り述べたい。読者の皆様の参考になれば幸いである。

もくじ

はじめに …………………………………………………… i

第1章　学校経営の理念をもつ　～「和」ということ　… 3
第2章　リーダーとしての資質を高める ………………… 6
第3章　目標を見直す ……………………………………… 10
第4章　目標を共有する …………………………………… 20
第5章　ソーシャルサポートの機能を活かし，
　　　　組織の活性化と教職員の育成を図る ………… 34
第6章　教職員間のコミュニケーションの活性化を図り，
　　　　人間関係づくりをする ………………………… 38
第7章　校内研究・校内研修を充実させる …………… 47
第8章　学校を開く ………………………………………… 61
第9章　目標管理を活かす ………………………………… 72
第10章　学校評価を学校改善に活かす ………………… 84

おわりに …………………………………………………… 107
参考図書 …………………………………………………… 109
索引 ………………………………………………………… 111

校長職と学校経営

第1章 学校経営の理念をもつ
――「和」ということ――

　校長は学校の経営者として経営理念をもたなければならない。経営理念には自らの人生経験が反映される面もあれば，長年の教職経験で培った専門性などが反映される面もある。校長の数だけ経営理念があるといわれるゆえんである。しかし，経営理念をもつ上で，どの校長にも共通の前提がある。それは，児童生徒の健全な成長，保護者の信頼，教職員の協働である。児童生徒の健全な成長，保護者の信頼，教職員の協働を実現するために，経営理念として何を重視するかである。

　また，経営理念には，校長がリーダーとして人間的魅力をどのように増すかという生き方も含まれている。

　経営理念としての「和」について述べる。

　聖徳太子がつくったと伝えられる十七条の憲法の第１条に「和を以て貴しとなす」がある。第10条，第14条，第15条にも繰り返して和の精神が示されている。また，日本の古い国名は「大和」と記されている。これまでの長い歴史の中で互いに「和する」「なごむ」ような関係をつくることが大切にされ，和の精神は日本人の原理思想になっている。現代においても，「和」を否定する者はいないと思う。

　論語（子路13の23）に「君子は和して同ぜず。小人は同じて和せず」がある。「和する」とは，互いに心が通じ合い，仲良くなごむこと

である。「同じる」とは，わけもなく同調することである。したがって，よき人は心を合わせるが，調子を合わせることはしない。心の狭い人はそれと反対のことをするという意味になる。仲良くし心が通じ合う関係においては，自分の考えなどを率直に述べることができ，互いに認め合い支え合うことができる。教職員集団もそのような関係であることが大切である。

　学校経営を行う上で，教職員の「和」を大切にすることを抜きには考えられない。「和」のない職場では，笑顔やコミュニケーションは生まれないし，楽しく働くこともできないと思う。また，「和」がなければ，教育目標，目指す児童生徒像，学校経営目標の実現に向けた教職員の協働，チーム対応などはほとんど機能しないであろう。その結果，学校全体として児童生徒の健全な成長を目指した取組を実現することは難しいし，教育効果を上げることも望めない。当然，保護者からの信頼は得られない。このような状況に陥らないために，校長は副校長，教頭と力を合わせて，主幹教諭，指導教諭，教務主任等のミドルリーダーを活かし，互いに心が通じ合える人間関係づくりや職員室の雰囲気づくりに努めるのである。

　「和」を使った言葉に「調和」がある。「調和」とは，広辞苑によれば「うまくつり合い，全体がととのっていること。いくつかのものが矛盾なく互いにほどよいこと」である。いろいろな面から教職員が調和して最大限に力を発揮するように校内人事を行い，学年団や分掌などを構成することも大切である。

　「和」には「むつまじいこと」のほかに，「いくつかの数を加えたあたい」の意味もある。「和」があると不思議とプラス思考になれる。

「和」で人がつながり，元気が出て笑顔になり，そして，自分たちでやれそうだという効力感が生まれる。「和」はすべてをプラスに転じていく優れた理念である。

第2章　リーダーとしての資質を高める

　リーダーとしての資質には様々なものがある。また，経営理念と同様，人によってリーダーの資質として取り上げるものが異なっている。
　リーダーの資質として，次の三つについて述べる。

(1) 知識，見識，胆識
　一つは，「知識，見識，胆識」である。
　「知識」とは，教育課程や生徒指導，教科指導等に関する専門的知識，組織マネジメント，教育法規等に関する基本的な知識はもとより，教育界の新たな動向に関する情報等も含まれる。
　しかし，現実にはすべての知識等を身に付けることは不可能である。知らないことや分からないことがあるのは当然である。知らないことや分からないことに直面した場合，どうしたらよいか。まず，それを知っている人に聞くことである。調べることもできるが，聞く方が早い。知っている人に率直に聞けばよいのである。コンピュータの操作があまり得意でなかった私は，困ったときには，時間を見つけて教職員から教えてもらっていた。「下問を恥じず」である。教えてもらうことで，教職員とのコミュニケーションができ，人間関係づくりにもつながる。
　「見識」とは，物事の本質を見通す，優れた判断力のことである。

その前提として，知識等を有していることが重要である。知識等がなければ聞けばよいし調べればよい。知識等に基づかない判断は無謀となる危険性がある。また，判断に当たっては，バランス感覚も必要である。極端を避けて，中庸の精神を重んじることが大切である。しかし，場合によっては思い切った変更や修正を決断しなければならないこともある。

「胆識」とは，腹をくくり決断する力である。具体的には，「今，話し合って決めた方向でやりましょう。責任は校長である私がとります」という言葉に表される。

漢の高祖（劉邦）は，政治家の蕭何，軍師の張良，武将の韓信という三人の優れた将をうまく使うことによって宿敵の項羽を破り，天下を統一することができた。若い頃，沛の町のならず者であったが，気概と度量，人を惹きつける人徳があった。三人の将の意見をよく聞き，決断は劉邦が行うというやり方であった。優れた将を使いこなす劉邦は，「将の将たる器」であったという。校長にも，決断力，度量，人徳が求められる。

（2）恭，寛，信，敏，恵

二つ目は，「恭，寛，信，敏，恵」である。これは，論語（陽貨16の6）にある言葉である。

弟子の子張が先生である孔子に，「どういうことが仁ですか」と尋ねた。孔子は，「よく五つのことを広く行うことが仁である」と答えた。子張は詳しく尋ねた。孔子は，「五つのこととは，恭，寛，信，敏，恵である。上に立つ者が自らを謹んで恭しいなら，人の侮

りを受けない。寛大であれば衆望が集まる。信義を守って行動するなら，人が信用する。鋭敏に勤めれば，仕事の成績が上がる。上に立って恵み深ければ，人はその恩義を感じて快く動いてくれる。この五つを行うことが仁である」と答えた。

「恭，寛，信，敏，恵」のいずれも必要ではあるが，リーダーとしてはやはり「恭」が一番大切である。「恭」とは，自分を慎むことであり，教職員に対しては恭しくすることである。「実るほど頭を垂れる稲穂かな」である。こうした姿勢に対して，教職員は「あの人にはかなわない」という気持ちを抱くことになる。このことが，校長としての権威を生み，「信」にもつながる。いわば，道徳的権威である。ただし，「寛」だけでは教職員を動かすことは難しい。「寛」は寛大，寛容であり，優しさである。優しさは人間的魅力の一つである。しかし，優しさだけではリーダーとしてはなめられ，侮られる。そのため，教職員を動かすことは難しい。

(3) 公，清，正，敬

三つ目は，「公，清，正，敬」である。「公」とは，公平である。誰に対しても，公平に接するように努めることが大切である。大学（伝8章）に「人はその親愛するところにおいて辟す」がある。私たちには，自分と気の合う人をかわいがるような傾向がある。しかし，校長としては，むしろ自分と気の合わない教職員と適切な関係を築き，その教職員がもっている力を十分に発揮させていくように心を尽くすべきである。また，悪口を真に受けないことも上に立つ者が心掛けるべきことである。「清」とは，清廉潔白である。自分

自身は清廉潔白な生き方を心掛けることが大切である。ただし，他の人に対しては欠点を許す度量，寛大さが必要である。「正」とは，正義である。常に，正しいと思うことは勇気をもって行うように努めることが大切である。「敬」とは，自他の敬愛である。ただし，自分を大切にしすぎてはいけない。自分に対しては慎み，他の人に対しては敬うことを日々の生活の中で実践するように努めることが重要である。

第3章 目標を見直す

(1) 教育目標の見直し

　学校の教育目標は長年その学校で掲げられてきたものであり，見直しをすることに抵抗感を抱く教職員もいるのではないかと思う。しかし，教育課程の評価を行う中で，教育目標の見直しをすることは必要である。たとえ，教育目標の文言そのものを変えることにはならなくても，例えば，児童生徒の実態等から新たな解釈を付け加えたり，目指す児童生徒像の文言を変更したりすることはできる。

　Ｃ小学校の教育目標は「未来に向かってかがやく子どもの育成」であり，目指す児童像は「やさしい子」，「たくましい子」，「すすんで学ぶ子」である。

　まず，この教育目標である。きれいな言葉で表現されているが，その意味するところがはっきりしない。教職員の理解もあまり統一されていない。そこで，「未来に向かってかがやく子どもの育成」がどういうことなのか分かりやすくするため，「心身ともに健全であり，社会の変化に対応するとともに，夢や目標に向かって共に生きる力を身に付けた児童を育成する」という説明を付け加えた。

　次に，目指す児童像である。一つ目は，「やさしい子」の具体的な姿として「自分や友だちを大切にする心をもった子ども」としていた。二つ目は，「たくましい子」の具体的な姿として「最後まであきらめない気力と体力をもった子ども」としていた。ここまでは

理解できる。

　三つ目は、「すすんで学ぶ子」の具体的な姿として「進んで学習しようとする子ども」としていた。具体的な姿がはっきりとしない。そこで、具体的な姿を「学ぶ意欲と基礎学力を身に付けた子ども」に変更した。「基礎学力」の定義については、学習指導要領に示されている基礎的・基本的な知識・技能、それを活用するための思考力・判断力・表現力等、及び学ぶ意欲とした。この変更について、前年度末の企画会に提示して説明するとともに、新年度当初の職員会議において再度提示して説明し、教職員の理解を得て正式に決定した。その後、校長室だより、ホームページ、学校評議会、PTA総会等を通して、保護者等に対して説明を行い、理解と協力が得られるように努めた。

　言うまでもなく、教育目標や目指す児童生徒像は、学年目標や教育活動の全体計画、各種の指導計画を作成する上での大本となる。

　ところで、C小学校に在職中、地域の人から「学校の教育目標は三つで示されている。これだという一つの目標に絞り、もっと分かりやすくしたらどうか」と言われたことがある。三つとは、知・徳・体の三つの面からとらえた児童生徒の姿である。地域の人の言葉に「なるほど」とは思いながらも、「生きる力」を育む観点から考えると、少なからず違和感を覚えた。重点目標としての学校経営目標であれば、絞り込みは必要である。近年、民間人が校長となっている全国の学校の中には、教育目標を長い文章や複数の文章で示すことはやめて、例えば、簡潔に「自立貢献」という文言で示す学校もあるという。児童生徒にとっても教職員にとっても覚えやすいのは

表1　C小学校　学校経営計画書

1　本校のミッション（使命，存在意義）
- 豊かな心，健やかな体をもち，知・徳・体のバランスのとれた生きる力をもつ児童を育成する。
- 特色ある教育課程を編成・実施し，開かれた学校づくりをする。
- 保護者や地域と連携し，児童の安全・安心を確保する。

2　内外の環境分析
- 本学区はＰ市の中央部に位置し，歴史ある総社宮の門前町として古くから栄えた地域で，政治・経済・文化の中心地である。学区の住民は創立140年の伝統ある本校に大きな期待をもつとともに，学校教育に対して協力的である。
- 本校の教職員は意欲的であり，教職員集団としてのまとまりもよい。児童は明るく素直である。他の人に対して優しく温かいことや，互いに協力して取り組むことを校風として受け継いでいる。
- 課題としては，①世代交代の面から若い教職員の資質の向上を図ること，②特別支援教育の充実に努めること，③児童の安全・安心を確保すること，④施設・設備が老朽化している環境の中で教育活動の充実を図らなければならないことである。

3　本校のビジョン（将来像，目指す姿）
　○　教育目標　「未来に向かって輝く子どもの育成」
　　　心身ともに健全であり，社会の変化に対応するとともに，夢や目標に向かって共に生きる力を身に付けた児童を育成する。
（1）目指す児童像
- やさしい子　……　自分や友だちを大切にする心をもった子どもの育成
- たくましい子　……　最後まであきらめない気力と体力をもった子どもの育成
- すすんで学ぶ子　……　学ぶ意欲をもち基礎学力を身に付けた子どもの育成

（2）目指す学校像
- 児童が行くことが楽しみな学校
- 保護者や地域の方が行かせたいと思う学校
- 教職員が楽しく勤めることのできる学校

（3）目指す教職員像
- 共通の目的，協働意欲，コミュニケーションを大切にする教職員
- Smile「笑顔」，Speed「迅速」，Sincerity「誠実」の３Ｓを実践する教職員
- 健康な教職員，伸びる教職員，信頼される教職員

4　本年度の学校経営目標・計画
（1）心の教育の充実
　①　道徳教育，人権教育を充実することにより，児童が気持ちのよいあいさつや思いやりの心を生活の中で実践することができるようにする。
　　　　　　　　　　　　　　　　　　　　　　　　　　　　（やさしい子）
（2）健康・体力づくり
　②　健康教育，特別活動を充実することにより，児童が基本的な生活習慣を身に付けるとともに，目標をもって最後まで活動に取り組むことができるようにする。
　　　　　　　　　　　　　　　　　　　　　　　　　　　　（たくましい子）
（3）確かな学力の育成
　③　協同学習を取り入れたりICT機器を活用したりすることにより，児童が進んで学習に取り組むとともに，基礎学力を身に付けることができるようにする。
　　　　　　　　　　　　　　　　　　　　　　　　　　　　（すすんで学ぶ子）
（4）開かれた学校づくり
　④　各種の便り，ホームページの更新，学校評価，学校公開により，積極的に情報を発信する。
　⑤　家庭や地域との連携を深めることにより，児童の安全・安心を確保するとともに，家庭学習や読書の習慣を定着させる。

確かである。しかし，その意味する内容は明確になっているだろうか。また，「生きる力」を育むことにおいて，教育目標としてはいかがなものであろうか。

そんなことを考えているとき，B中学校には「自主，協力，創造」という校訓があることを思い出した。B中学校の教育目標は「心身ともに健全で，豊かな感性と生きる力を身に付けた生徒を育成する」であり，目指す生徒像は「心豊かな生徒」，「自ら学ぶ生徒」，「実践力をもつ生徒」である。

しかし，校訓との関連はほとんど図られていない。校訓を伝統的な教育理念として文言だけを残しているにすぎない。校訓を活かした教育実践は重要である。校訓と教育目標や目指す生徒像との関連付けを図っていたら，生徒や教職員，保護者や地域の人にとってもっと分かりやすく覚えやすい教育目標や目指す生徒像を示すことができたのではないかと思う。

(2) 学校経営目標の見直し
① 重点目標としての絞込み

学校経営目標は短期から中期を視野に入れた重点目標であるとともに，学校が児童生徒や保護者，地域の人に対して取組を公約するものである。

C小学校に赴任し，最初の職員会議で教育目標とその年度の学校経営目標を説明することになっていた。前年度末に行った前任の校長との引継ぎの際，次年度の学校経営目標の案をいただいてはいたが，赴任まで数日しか残されておらず，また自分の現任校での引き

表2　B中学校　学校経営計画書

1　本校のミッション（使命，存在意義）
○　確かな学力の定着を図ること，また，心身ともに健全で豊かな感性と生きる力を身に付けた生徒を育成することにより，保護者や地域の期待に応える。
・　地域に開かれた学校
・　信頼される教育の実践
・　専門性の向上を目指す教職員

2　内外の環境分析

	内部環境	外部環境
＋	・熱心な教職員集団で，協力体制が整っている。協働できる。 ・教師も生徒も部活動や学校行事に熱心に取り組んでいる。 ・教科指導に力を入れている。 ・別室登校等の支援体制が整っている。 ・素直で前向きな生徒が多い。 ・生徒会活動が充実している。	・学校教育に理解のある保護者が多い。 ・学校に信頼を置き，協力的な家庭が多い。 ・生徒と教員が頑張れば，認めてくれる地域性がある。 ・市街地にあり，関係機関との連携が図りやすい。 ・地域に自然や文化遺産が多い。
－	・教育機器の整備が十分ではない。 ・学力面で個人差が大きい。 ・支援を必要とする生徒が増加している。 ・自己中心的な生徒が見られる。 ・教職員の仕事量に差があり，負担加重になっている場合がある。	・校区が広く，交通事故や不審者など，登下校に不安がある。 ・価値観が多様化し，非協力的な家庭もある。 ・家庭や地域の環境が複雑化している。 ・教育力，経済力の格差が大きい。 ・教育力，経済力の格差が大きい。

3　本校のビジョン（将来像，目指す姿）
○　教育目標
　　心身ともに健全で，豊かな感性と生きる力を身に付けた生徒を育成する。
（1）目指す生徒像
　　・心豊かな生徒　　……　思いやりの心をもち，互いに助け合う姿を目指す。
　　・自ら学ぶ生徒　　……　授業に意欲的に取り組む姿を目指す。
　　・実践力をもつ生徒　……　特別活動などに積極的に参加する姿を目指す。
（2）目指す学校像
　　・行きたい学校，行かせたい学校，勤めたい学校
　　・生徒，教職員が共に成長する喜びを実感できる学校
　　・生徒，保護者，教職員，地域の方から愛される学校
（3）目指す教職員像
　　・Smile「笑顔」，Speed「迅速」，Sincerity「誠実」の3Sを実践する教職員
　　・健康な教職員，伸びる教職員，信頼される教職員
　　・共通の目的，協働意欲，コミュニケーションを大切にする教職員

4　本年度の学校経営目標・計画
（1）心の教育の充実
　　①「思いやりの心」を学校全体の重点項目として設定し，家庭や地域と連携を図って指導する。
　　②　生徒が積極的に参加し，生徒が生きる活動となるように特別活動等を充実させる。
（2）確かな学力の育成
　　③　学習課題を明確にするとともに，生徒が自分の考えを表現したり，交流したりする活動を取り入れるなど，分かる授業を実践する。
（3）健康・安全教育の充実
　　④　あいさつ，睡眠などの基本的な生活習慣について，家庭と連携を図って指導する。
　　⑤　あいさつ運動などを通して，登下校時における交通安全指導を強化する。
（4）開かれた学校づくり
　　⑥　各種の便り，ホームページの更新，学校評価の取組により，積極的に情報を発信する。
（5）不登校対応の充実
　　⑦　生徒の出欠の確認，家庭への連絡などにより，早期発見，即時対応を実践する。
　　⑧　不登校傾向のある生徒に対しては，校内体制を整えて，きめの細かい指導支援を行う。

継ぎなどの残務に追われていたため，案を十分に検討することができないまま，最初の職員会議を迎えることになった。

当日，教育目標については踏襲することを告げたが，学校経営目標については，後日，改めて提示することとした。というのも，案には学校経営目標として20項目が示されていたからである。文部科学省から示された「学校評価ガイドライン」の中にある評価項目例をすべて取り上げたような内容であった。早速，教頭（当時，副校長は配置されていなかった。）や教務主任等の意見を取り入れながら，児童の実態等から学校経営目標を絞り込んで重点化し，4つの柱と5つの具体的項目からなる修正案を作成した。後日，職員会議で再度，学校経営目標を提示し，教職員の理解を得て正式に決定した。

今，振りかってみれば，この学校経営目標でもまだ絞り切れていないような気がしている。学校評価結果等を基に議論を重ねて，さらに重点化を図ることも可能である。

このことについては，B中学校での実践を紹介する。B中学校に在職中，1年目と2年目に掲げた学校経営目標は次の5つの柱と8項目であった。

2年間，この学校経営目標の達成に向けて教育活動に取り組むとともに，自己評価，学校関係者評価による学校評価を実施し，その結果等を基にして議論を重ね，3年目の学校経営目標はさらに絞り込んで2つの柱と3項目とした。絞り込みを行った理由は，(3)健康・安全の充実，(4)開かれた学校づくり，(5)不登校対応の充実については，生徒や保護者に対する外部アンケート結果，教職員へのアンケート結果において，いずれも「十分に達成している」

> **表3 平成○○年度　B中学校　学校経営目標**
>
> （1）心の教育の充実
> 　①「思いやりの心」を学校全体の重点項目として設定し，家庭や地域と連携を図って指導する。
> 　② 生徒が積極的に参加し，生徒が生きる活動となるように特別活動を充実させる。
> （2）確かな学力の育成
> 　③ 学習課題を明確にするとともに，生徒が自分の考えを表現したり，交流したりする活動を取り入れるなど，分かる授業を実践する。

または「達している」という回答が80％以上であるとともに，教職員の手応えもあった。また，学校の自己評価結果に対する学校関係者評価においても，（3）〜（5）の項目を重点目標からはずすことを肯定する結果となったからである。（3）〜（5）の柱を重点目標からはずしたとはいえ，引き続いて組むのは当然である。以後において，再度，重点目標として掲げることが必要な状況になれば，改めて検討すればよい。

② トップダウンもボトムアップも

　学校経営においては，トップダウンかボトムアップかではなく，トップダウンもボトムアップも両方必要である。

　新たに赴任した学校では，前任の校長が次年度の学校経営目標の案を作成している場合が多い。その案を尊重し，そのまま次年度の職員会議に提示することもあると思う。しかし，後任の校長として案を受け入れられない場合は，短期間で副校長，教頭や教務主任等の意見を取り入れながら修正案を作成しなければならない。こうし

た作業は，どうしてもトップダウンで行うことになる。この場合においては，出来上がった修正案を職員会議で提示して説明し，教職員が理解すればよいのである。もちろん，教職員から部分的にさらに修正してほしいという意見が出されることもある。修正が妥当なものであれば受け入れればよい。学校経営目標を作成し，教職員が理解して終わりというのではなく，それをどのように教育実践に結び付けるかが重要である。教職員が日々の教育実践に反映するように指導力を発揮することが校長の責務なのである。

　また，主任等のミドルリーダーが学校経営目標の実現に向けて創造的に職務を遂行する中で提案するものを承認したり，職員会議において協議した結果を校長が承認して決定事項にしたりすることもある。学校運営を円滑に行いよりよい教育実践を実現するためには，トップダウンもボトムアップも必要である。

　ところで，学校経営目標を作成する前段階として，学校のミッション（使命，存在意義）を実現するために，教職員が協力して学校内外の環境分析を行う。その際，SWOT分析の手法を使うことがある。学校を取り巻く環境を強み（Strength），弱み（Weakness），機会（Opportunity），脅威（Threat）に分類することで，課題が整理でき，重点目標を導き出すことが容易となる。また，こうした作業を校内研修会で行うことにより，課題に対する教職員の共通理解を図ることができる。まさにボトムアップである。私もB中学校において実践したことがある。確かに，取り組むべき課題や重点目標を明確にすることができる。しかし，皆で分析することに意義はあったものの，内容としてはあらかじめ想定されるものにとどまったよ

表4　C小学校　教職員としての心得

1　3つのS
　① **Smile**「笑顔」
　　笑顔とあいさつは，心が通う交差点です。笑顔で対応するように心掛けましょう。
　② **Speed**「迅速」
　　迅速な対応が基本です。迅速に対応するように心掛けましょう。
　③ **Sincerity**「誠実」
　　親身になって，真心を込めて対応するように心掛けましょう。

2　学校組織の活性化の3要素
　　学校組織を活性化し，元気な学校にするために，①共通の目的，②協働意欲，③コミュニケーションを大切にしましょう。
　① 共通の目的
　　何のために行うのかという目的を全員で共有し，ベクトル合わせをしましょう。
　　また，目的に立ち返って考えるということも必要です。
　② 協働意欲
　　児童の健全な成長のために，また，学校組織の活性化のために互いに頑張りましょう。
　③ コミュニケーション
　　報告・連絡・相談を励行し，意思疎通を図って風通しをよくしましょう。一人ひとりがしっかりと報告・連絡・相談を実践することで，コミュニケーションが一層図られ，元気な学校づくりにつながります。

3　目指す教職員像
　① 健康な教職員
　　心と体が健康であることは，仕事を行う上での基本的な条件です。笑顔は健康な心と体から生まれます。健康に留意しましょう。
　② 伸びる教職員
　　研究と修養に努め，教職員としての資質能力を高める努力をしましょう。
　③ 信頼される教職員
　　児童，保護者，同僚等から信頼される教職員になるためには，普段から健康な教職員，伸びる教職員を目指すとともに，謙虚で誠実な生き方をするように努めましょう。

4　分かる授業づくり
　① 学習のめあてを明確に示しましょう。
　② 考えなどを交流する協同学習を取り入れましょう。
　③ 一人ひとりに応じたきめの細かい指導支援を行いましょう。
　④ 発問や板書を工夫し，効果的に行いよしょう。
　⑤ ICT機器を活用し，説明などを分かりやすくしましょう。
　⑥ まとめや振り返りをする活動を取り入れましょう。
　⑦ 学習規律を確立し，安定した学習指導を行いましょう。

うに思う。様々な視点から環境分析を行うためには，やはりデータの使用が必要である。また，毎年，SWOT分析を行うのではなく，異動により教職員がある程度入れ替わった時点での実施（例えば2～3年ごとに実施するなど）が有効ではないかと思う。

③ 教職員としての心得

校長は勤務校において，「教職員としての心得」を提示することが大切である。なぜなら，教育目標，目指す児童生徒像，学校経営目標，教職員としての心得の四つは，基本的な学校経営の方針となるからである。教職員としての心得は，教職員に提示するだけでなく，職員会議等において，定期的に教育目標，目指す児童生徒像，学校経営目標，教職員としての心得が何であったかを確認することで，教職員一人ひとりが自らの実践を振り返る時間を設定する必要がある。

C小学校では，「教職員としての心得」の中で，「3つのS」は社会人としても教職員としても最も大事にしなければならないものであることから，「3つのS」のマグネットシートを作成して教職員に配布している。各自の机やロッカーに貼り付けておき，日頃から「3つのS」を目にすることで心掛けられるようにしている。

図1　3つのS

第3章　目標を見直す　　19

第4章　目標を共有する

　例えば，学校経営目標についてである。年度当初の職員会議で校長が学校経営計画書を提示し，当該年度の重点目標である学校経営目標を説明して，教職員に理解と協力を求めるだけでは具体的な教育実践にはつながらない。職員会議が終われば，資料はファイルに閉じられ，引き出しの中にしまわれて眠ってしまう。時々，教職員が「本年度の学校経営目標は何だったかな」と見返す程度であれば，学校経営目標は便宜上のものでしかない。たとえ校長から提示された学校経営目標であったとしても，教職員がその趣旨をよく理解し，教育実践に活かすようにしてはじめて学校経営目標が教職員間で共有化されたといえる。そのようにするためには，工夫が必要である。

（1）目標の視覚化

　1点目は，教育目標，目指す児童生徒像，学校経営目標を職員室のよく見えるところに掲示することである。2点目は，教育目標，目指す児童生徒像，学校経営目標を，例えば，A4版サイズに印刷し，ラミネート加工を施して教職員に配布することである。教職員が下敷きとして使ってもよいし，自分がよく見えるところに掲示してもよい。3点目は，少なくとも1学期から2学期までの期間に行う職員会議では，毎回，教育目標，目指す児童生徒像，学校経営目標，教職員としての心得を資料として入れておくことである。

（2）職員会議における確認

　職員会議において教職員に学校経営方針を確認することが大切である。そのためには，先ほども述べたが，職員会議では，毎回，教育目標，目指す児童生徒像，学校経営目標，教職員としての心得を資料として提示する。4月と5月の資料では，教育目標，目指す児童生徒像，学校経営目標，教職員としての心得についての全文を提示して，冒頭の校長の言葉の中で必ず触れるのである。6月の職員会議からは，教育目標，目指す児童生徒像，学校経営目標，教職員としての心得について項目だけを提示し，教職員にどんな内容であったかを自分の言葉で表現してもらうのである。最初は，少し驚いたり戸惑ったり抵抗感を抱いたりする教職員もいるが，教育目標や学校経営目標を達成することの大切さは理解しているので，校長の求めに応じて答えるはずである。ほとんどの場合，ラミネート加工の下敷きを見ながら答えることが多い。それがすぐに出てこないときには，隣の席の同僚が小声でささやいて助け舟を出したり，自分のラミネート加工の下敷きをそっと渡したりしている。そのうち，何も見なくても言えるようになる。中には，自分の言葉で表現する者も出てくる。そうした場合には教職員から自然に拍手が起きる。こうした取組を2学期まで行えば，職員会議を行う度に教職員が準備をして臨むようになり，ほぼ全員が覚えることができる。

　ところで，学校には支援員，支援補助員など，様々な職種の教職員がおり，それぞれに勤務形態が異なっている。様々な職種の教職員の中には勤務時間等の関係等から職員会議に出席しない者もいる。こうした教職員に対しても職員会議の資料を配布するとともに，

会議の記録を閲覧できるようにすることが大切である。そして，こうした様々な職種の教職員を含めて学校のすべての教職員が目標を共有し，ベクトル合わせをして教育活動に取り組むことが重要なのである。

　なお，様々な職種の教職員の中には，自己申告による目標管理の対象にはなっていない者もいる。そのため，管理職による日頃の声かけとともに，必要に応じてこうした教職員と面談の機会をもつなど，コミュニケーションを図るように努めることが必要である。

（3）学校経営目標の項目を観点にした学級経営案の作成

　学校経営目標は，日々の教育実践に結び付かなければこれを達成することはできない。学校経営目標を意識のレベルから具体的な実践のレベルに結び付けるためには，工夫が必要である。その一つとして，学級担任は学校経営目標の項目を観点にした学級経営案を作成するのである。学校経営目標を各教室における教育実践に直結させることになる。

　C小学校では，各学級担任が作成した学級経営案は学年主任，教務主任，教頭，校長のチェックを受けた後，「平成〇〇年度　C小学校　学級経営案」として冊子にまとめ，可能な限り早い段階で全教職員に配布している。これにより，各学級の児童生徒の実態とそれを基にした学級経営の方針を知ることができる。学級経営案は，学期ごとに見直しを行い，各自が赤字で修正することも共通理解しておく。また，修正を行った場合は，学級担任がデータを共通フォルダに入れることで，全教職員が最新の学級経営案を閲覧すること

ができるようにする。

表5　C小学校　学級経営案様式

平成○○年度　　年　　組　学級経営案　　担任（　　　　　　　）
1　学校教育目標 　　「未来に向かってかがやく子」 　　　・やさしい子　　・たくましい子　　・すすんで学ぶ子
2　学年・学級目標 <学年目標> <学級目標>
3　児童の実態（長所と課題） 　（1）　全体的に見える児童の実態 　（2）　指導上留意すべき児童（A児・B児等の表現で）
4　学校経営の重点と学級経営方針 　（1）　心の教育の充実について（やさしい子） 　（2）　健康・体力づくりについて（たくましい子） 　（3）　確かな学力の育成について（すすんで学ぶ子） 　（4）　開かれた学校づくりについて
5　その他の具体的な取組（学級の実態から考えて）

（4）学校経営目標と目標管理における自己目標とのベクトル合わせ

　各都道府県において，内容や方法等の詳細は多少異なっているだろうが，教職員の人事評価制度として自己申告による目標管理と勤務評価（人事評価）が行われていると思う。

　学校経営目標を教職員間で共有し教育実践に結び付けるためには，学校経営目標と目標管理における自己目標とのベクトル合わせを行うことが大切である。学校経営目標を提示する際に，教職員に対して目標管理における自己目標とのベクトル合わせの意義を確認するとともに，当初面談においてもベクトル合わせができているかどうかしっかりと確認する必要がある。自己目標については，第9章で詳しく述べる。

（5）目指す児童生徒像についての説明と確認

　児童生徒に対しては，目指す児童生徒像について可能な限り分かりやすく説明したり，機会をみて繰り返して説明したりする。終業式や終了式では，校長の講和の中で目指す児童生徒像の観点から全員が当該学期の生活を振り返るようにする。

　また，校長が児童生徒朝礼等において話した内容は，校長室だより（学校だより）に要旨を掲載して保護者に知らせ，理解と協力を得ることが大切である。

　なお，児童生徒朝礼で行う講話，入学式や卒業式での式辞をはじめ，様々な機会に人前であいさつ等をすることも校長の重要な仕事である。事前の準備を十分に行う過程を通して，原稿の全文を暗唱

することは可能である。講話やあいさつ等を行う際には，原稿は見ないで，児童生徒や保護者等の聞き手の反応等を見ながら表情豊かに話すことが望ましい。

表6　平成〇〇年度　始業式の言葉

　春休みが終わり，今日から1学年ずつ進級しました。進級おめでとう。
　皆さんの表情を見ると，生き生きとしていて，頑張るぞという気持ちが伝わってきます。今年度も，勉強や運動のほか，いろいろな行事がありますが，皆で力を合わせて頑張りましょう。
　特に，6年生には期待しています。6年生は児童のリーダーです。6年生しだいで学校は良くも悪くもなります。通学班や縦割り班の活動など，責任をもたなければならないことがたくさんあります。頑張りを期待しています。
　さて，始業式の日に，C小学校の全体のめあてについてお話しします。
　めあての一つ目は，「やさしい子」です。
「やさしい子」で目指すことは，まず「気持ちのよいあいさつや返事をしましょう」です。「おはようございます」，「さようなら」などのあいさつを交わすことで，互いに心を通わせて，気持ちよく生活することができます。誰に対しても，進んであいさつをしましょう。また，はっきりと返事をすることも進んでしましょう。
　次に，「思いやりの心をもち，互いに助け合って生活しましょう」です。
　友達が困っていたら，「私にできることはありませんか」と声をかけ，手助けをしましょう。友達が悲しんでいたら，「大丈夫ですか」と声

をかけ，気遣いましょう。友達が良くないことをしていたら，「いけないよ」と言って注意して止めさせましょう。

　思いやりの心があると，自分も周りの人も笑顔でいっぱいになります。また，思いやりの心があると，友達や先生，学級が好きになり，学校生活が楽しくなります。

　めあての二つ目は，「たくましい子」です。体育の授業だけでなく，休み時間などに運動場でしっかりと運動をしましょう。また，好き嫌いをせずに食事をすることや，睡眠を十分に取ることもしましょう。

　めあての三つ目は，「すすんで学ぶ子」です。授業中は先生のお話を静かに集中して聞きましょう。そして，自分から進んで考えを発表したり，友達の発表を聞いたりして，自分の考えをしっかりと深めましょう。また，宿題をきちんとすることや，進んで本を読むことにも頑張って取り組みましょう。

　「やさしい子」「たくましい子」「すすんで学ぶ子」のめあてに向かって，友達や先生と一緒に元気に楽しく学校生活を送りましょう。

表7　平成〇〇年度　終業式の言葉

　今日で1学期が終わります。
　学校全体としては，児童の皆さんが落ち着いて生活し，勉強や運動に頑張ることができたと思います。
　1年生の皆さんは，C小学校の生活に慣れましたか。
　それでは，C小学校の全体のめあてから，1学期の自分はどうだったのかを振り返ってみましょう。
　めあての一つ目は，「やさしい子」です。気持ちのよいあいさつや返事をすることができた人は，黙って手を挙げましょう。
　また，思いやりの心をもって，互いに助け合って生活することがで

きた人は，手を挙げましょう。

　めあての二つ目は，「たくましい子」です。体育の授業だけでなく，休み時間などに運動場でしっかりと運動することができた人は，手を挙げましょう。

　また，好き嫌いをせずに食事をとることや，睡眠を十分にとることができた人は，手を挙げましょう。

　めあての三つ目は，「すすんで学ぶ子」です。授業中に先生のお話を静かに集中して聞き，自分から進んで考えを発表したり，友達の発表を聞いたりして，自分の考えをしっかりと深めることができた人は，手を挙げましょう。

　また，宿題をきちんとすることや，進んで本を読むことにも頑張って取り組んだ人は，手を挙げましょう。

　この後，担任の先生から通知表をもらいます。通知表には，皆さんが１学期に頑張ったところや素晴らしかったところがたくさん書いてあります。皆さんは気付いていなくても担任の先生は皆さんの良かったところ，力を発揮したところを発見しています。また，通知表には，皆さんにもっと頑張ってほしいことや，力を出してほしいことも書いてあります。何が足りなかった考えてみることも大切です。

　１学期に頑張ったことはますます伸ばし，努力が足りなかったことや反省すべきことは素直に反省して，２学期に生かしてください。

　明日から長い夏休みが始まります。夏休みには，家庭での生活と学習が中心になります。生活面，学習面の両方で自分のめあてを決め，それを実現するように毎日を有意義に過ごしてください。

　２学期は９月１日（月）から始まります。２学期の始業式で，皆さんの少し成長した姿が見られるのを期待しています。

表8　はなむけの言葉

　吉備野に春の息吹が感じられる今日のよき日，ご多忙の中をP市教育委員会教育長　○○○○様，P市長　○○○○様をはじめ来賓の皆様のご臨席をいただくとともに，保護者の皆様にご列席をいただき，このように盛大にして，しかも厳粛に卒業式を挙げさせていただきますことを心よりお礼申し上げます。

　保護者の皆様には，お子様のご卒業，誠におめでとうございます。お子様が立派に成長され，小学校課程を修了する日を迎えられ，お慶びも一塩のことと存じます。

　また，今日までC小学校に賜りました温かいご支援，ご協力に対しまして深く感謝申し上げます。

　さて，146名の卒業生の皆さん，ご卒業おめでとうございます。

　皆さんは，この一年間，C小学校の最高学年として，色々な場面で下級生の手本となり，学校全体を良い方向に引っ張っていってくれました。

　特に，本年度は児童会活動が活発に行われました。中でも，代表委員会の呼び掛けで復興を願う千羽鶴を全校児童で作製して広島の被災地へお届けしたり，ボランティア委員会が中心となってプルタブ集めをして義援金として被災地にお贈りしたり，また，生活委員会と代表委員会との合同によるあいさつ運動を行ってあいさつの輪を広げたりするなど，人に優しく，皆で力を合わせて頑張るというC小学校の校風を受け継ぎ，さらに発展させてくれました。

　皆さんは，今日の卒業式でC小学校の卒業生となり，同窓生として仲間入りします。C小学校の卒業生であるという誇りをもって，後輩のためにも頑張ってください。

　卒業していく皆さんに，はなむけの言葉として，三つのことをお話しします。

一つ目は，夢や目標に向かって努力するということです。

　人は夢や目標をもち，その実現に向かって努力することで成長します。また，夢や目標を実現し達成感を味わうことで，さらに大きく成長します。

　時には，くじけそうになることがあるかもしれません。そうしたことを乗り越え，夢や目標に向かって，今できることを一生懸命に行う，そのことの積み重ねが重要なのです。

　中学校に入ってからも，夢や目標をもち，勉強や部活動などにしっかりと頑張ってください。

　二つ目は，礼儀を大切にするということです。

　礼儀は自分を正し，人の心を和らげるものです。礼儀を身に付けることは，人としての品格を備えることにつながります。

　礼儀は人を敬愛する気持ちを形で表すものです。しかし，形だけの礼儀は虚礼にすぎません。

　今後も，人を敬愛する気持ちを自然な形で，あいさつや言葉遣い，態度で表すようにしましょう。

　三つ目は，思いやりと感謝の心を大切にするということです。

　思いやりの心は，人の心を感じ取るという美しい心の働きです。そして，言葉や行動に表して，心の贈り物として人にさりげなく贈るものです。これついては，皆さんに何度かお話をしました。

　今後も，人が困っていたり悲しんでいたりするとき，そっと声をかけたり手助けをしたりすることを実践しましょう。

　感謝の心は，人からの心の贈り物に気付き，それを受け止めるという美しい心の働きです。それは「ありがとう」という言葉に表されます。今後も，日々の生活の中で，感謝の心を具体的な言動に表して実践しましょう。

　また，今日のよき日を迎えることができたのは，自分自身の努力はもちろんですが，大事に育ててくださったご両親やご家族をはじめ，

> 多くの人の支えがあったお陰です。そのことに心から感謝しましょう。
>
> 　夢や目標に向かって努力すること，礼儀，思いやりと感謝の心の実践を通して，自分とともに他の人を大切にし，互いに支え合って共に生きる人になってほしいと願っています。
>
> 　終わりに，将来のP市や日本を担う皆さんのご健康とご活躍をお祈りいたします。

（6）家庭・地域への発信

　教育目標，目指す児童生徒像，本年度の学校経営目標については，校長室だより（学校だより），ホームページを通して，保護者や地域の人に知らせる。また，年度当初のPTA役員会，PTA総会においても説明し，理解と協力得るように努める。さらに，学校評議員をはじめ，民生委員や主任児童委員の学校訪問の際にも説明し，理解と協力得るように努める。こうした校長の直接の説明がやはり大切である。その場で質問を受けて回答するというコミュニケーションも可能である。

　校長の熱意ある説明に保護者や地域の人は心を動かされ，児童生徒の健全な成長のために全力で取り組もうとしている学校に対して，理解と協力を惜しまないはずである。そのような雰囲気づくりをするのも校長の役割である。校長の直接の熱い語りが保護者や地域の人を教育活動に巻き込むためには必要なのである。

（7）目標の達成に向けた予算計画と執行

　C小学校に勤務した最後の年度から，P市では学校一括交付金と

して各学校に予算が配分され，通常経費や特色ある学校づくりの経費については，校長決裁で自由に使えるようになった。校長への権限と責任の委譲の一環である。通常経費については，どうしても必要な消耗品等の購入があるため，急がなければならないものから優先順位を決めて予算執行することになる。しかし，特色ある学校づくりの経費については，学校経営目標の達成という観点から予算執行することを事前に教頭，事務職員と確認し，職員会議で教職員に説明して理解と協力を得るように努めている。

C小学校
校長室だより
平成〇〇年
五月①

新緑の色増すころとなりました。児童は落ち着いて学習に取り組んでいます。また、気持ちのよいあいさつができ、掃除や当番活動にも熱心に取り組んでいます。

先月の参観日及びPTA総会、家庭訪問ではご協力をいただき、誠にありがとうございました。

特に、家庭訪問では、短時間ではありましたが、児童の成長にとって必要な情報交換等を行うことができました。今後の教育指導に生かしていきます。

一 PTA総会あいさつ（要旨）

半素より、C小学校の教育活動にご理解とご支援を賜り、深く感謝申し上げます。

四月一〇日の入学式で一二九名の新入生を迎えています。全校児童は七七四名で今年度を出発しています。学級数は、通常学級二四学級、特別支援学級四級の計二八学級、そして、ことばの教室四教室です。教職員数は六一名です。

C小学校では、目指す児童像として、次の三つを掲げています。

一つ目は、「やさしい子」です。具体的には、気持ちのよいあいさつや返事をすること、思いやりの心をもって生活することを目指しています。

二つ目は、「たくましい子」です。具体的には、しっかりと運動すること、好き嫌いをしないで食事をとること、睡眠を十分にとることを目指しています。

三つ目は、「すすんで学ぶ子」です。具体的には、協同学習により考えを深めること、宿題をきちんとすること、家読を進んで行うことを目指しています。学校での分かる授業の実践と家庭学習とは、児童の学力を向上させる上での両輪となります。

今年度も、目指す児童像の実現に向けて、私たち教職員がC小学校一丸となって取り組みます。そして、C小学校のよい校風、よい伝統をさらに発展させていきます。

C小学校の教育に対して、これまでにも増してご支援ご協力をお願い申し上げます。

二 B中学校ブロック校長会の取組

B中学校ブロック校長会は、「小・中連携による授業改善と学力向上推進事業」に取り組みます。

B中学校ブロックの小・中学校六校（A小、B中、C小、D小、E小、F小）が、児童生徒の学校適応を図りながら、学力向上という方向で連携し、成果を上げようとするものです。

B中学校ブロック校長会及び教務主任等による推進委員会を定期的に開催し、共通理解して事業を推進するとともに、事業の見直し、改善を行います。

事業の内容は、次の四つの柱で構成しています。

一つ目は、授業改善の取組です。

具体的には、①協同学習による小学校への言語活動の充実、②B中学校教員による小学校への乗り入れ授業、③小・中学校教員のティーム・ティーチングによる授業、④デジタル教科書を活用した授業、⑤先進校視察を行うことにしています。

二つ目は、研修会の開催です。

具体的には、①だれもが行きたくなる学校づくりのサテライト研修に可能な限り参加すること、②中学校教員の乗り入れ授業、小・中学校教員のティーム・ティーチングによる授業、デジタル教科書活用授業を公開し、互いの研修の機会とすることにしています。

三つ目は、基礎学力を図る取組です。

具体的には、①各学校で学力・学習状況プランを作成するとともに、B中学校ブロックとしての重点内容を定めて各学校で実践すること、②基礎学力定着問題を作成し、各学校で活用することにしています。

四つ目は、大学生や地域の人との連携による学習支援の実施です。今年度は、大学生による学習支援に重点を置いて取り組むことにしています。

校長室だより 5月 ②

C小学校 校長室だより 平成〇〇年 五月 ②

新緑の色増すころとなりました。

先日の参観日、教育講演会では、お忙しい中お越しくださり、誠にありがとうございました。

教育は、信頼関係の上に成り立ちます。児童と教職員、保護者の皆様と教職員の信頼関係がしっかりしている中で、児童はよりよくなりたいという願いの力が働き健全に成長します。児童・保護者の皆様と教職員との信頼関係をしっかりと築いていきたいと思います。

一 児童朝礼の言葉（要旨）

C小学校の目指す児童像の一つに「やさしい子」があります。「やさしい子」で目指すことは、気持ちのよいあいさつや返事をすることと、思いやりの心をもって生活することです。

気持ちのよいあいさつや返事、思いやりの心は、いずれも人を大切にすることにつながっています。

思いやりの心とは、具体的にはどんなことかと言うと、友達が困っているときに手助けをしたり、友達が悲しんでいるときに気遣ったり、友達が良くないことをしているときに止めるように注意したりすることです。

思いやりの心は、友達にとって必要だと感じたことの中で、自分としてできることを言葉や行動に表すことです。そこには美しさが必要です。ですから、「〇〇してあげた」と言うのは、思いやりの心ではありません。思いやりの心は、友達にさりげなく贈ることが大切です。

思いやりの心があると、自分も周りの人も、笑顔でいっぱいになります。そして、思いやりの心があると、友達や先生、学級が好きになり、学校生活が楽しくなります。また、一人ひとりが思いやりの心をもって生活すれば、いじめはなくなると思います。思いやりの心をもって、互いに助け合って生活しましょう。

二 学校教育目標

「未来に向かって輝く子どもの育成」

心身ともに健全であり、夢や目標に向かって共に生きる力を身に付けた児童を育成する。

○目指す児童像
- 「やさしい子」自分や友達を大切にする心をもった子どもを育成する。
- 「たくましい子」最後まであきらめない気力と体力をもった子どもを育成する。
- 「すすんで学ぶ子」学ぶ意欲をもち基礎学力を身に付けた子どもを育成する。

三 平成〇〇年度の学校経営目標

（一）心の教育の充実
① 道徳教育、人権教育を充実することにより、児童が気持ちのよいあいさつや思いやりの心を生活の中で実践することができるようにする。

（二）健康・体力づくり
② 健康教育、特別活動を充実することにより、児童が基本的な生活習慣を身に付けるとともに、目標をもって最後まで活動に取り組むことができるようにする。

（三）確かな学力の育成
③ 協同学習を取り入れたりICT機器を活用したりすることにより、児童が進んで学習に取り組むとともに、基礎学力を身に付けることができるようにする。

（四）開かれた学校づくり
④ 各種の便り、ホームページの更新、学校評価、学校公開により、積極的に情報を発信する。
⑤ 家庭や地域との連携を深めることにより、児童の安心・安全を確保するとともに、家庭学習や読書の習慣を定着させる。

平成〇〇年度の学校経営目標については、学校評価を実施し、その結果等を公表いたします。そのため、保護者の皆様にアンケートをお願いすることになります。ご協力のほどよろしくお願いいたします。

第5章 ソーシャルサポートの機能を活かし，組織の活性化と教員の育成を図る

　ソーシャルサポートとは，社会的関係の中でやりとりされる支援のことであり，健康行動の維持やストレッサーの影響を緩和する働きがあるといわれている。

　ソーシャルサポートは，その内容によって，①情緒的サポート：共感や愛情の提供，②道具的サポート：形のある物やサービスの提供，③情報的サポート：問題の解決に必要なアドバイスや情報の提供，④評価的サポート：肯定的な評価の提供，に分けられる。

　ソーシャルサポートは万能ではなく，個人がストレスに対処することに役立つが，ソーシャルサポートがストレス源でもありうる。相手にとって必要だと思うことを行ったとしても，場合によっては善意として受け止められないこともある。とはいえ，相手を尊重し，思いやりの心をもって接することは基本的には重要である。

　さて，学校は児童生徒にとっては行きたい学校であり，保護者にとっては行かせたい学校であると同時に，教職員にとっては働きたい学校であることが求められている。教職員にとって働きたい学校は，働きやすい学校でもある。

　働きたい学校，働きやすい学校には，教職員間のコミュニケーションが成立しているだけでなく，互いに目標を共有し，協働意欲のある教職員集団が形成されている。また，こうした教職員集団においては，同僚性が育まれ，教職員の資質の向上が図られている。校長

は経営者として，このような教員集団を育成することが大切である。

　そのためには，学校経営を行う上で，次の5点が重要な要素である。この要素は，ソーシャルサポートの機能を活かすことでもある。なお，協働の前提として「目標の共有」が重要であるが，これについては，第4章で述べたとおりである。

　1点目は，学年団，分掌担当などのチームによる協働である。一人で悩まず，一人で抱え込まず，チームで対応するのである。学年団，分掌担当，さらには学校全体のチームワークによって教育指導を行うことで，互いに学び合いや支え合いが行われ，情緒的サポート，情報的サポート，道具的サポート，評価的サポートの諸機能が働き，教員集団に同僚性が育まれる。その結果，組織の活性化と教職員の資質の向上が図られる。

　2点目は，ミドル・アップダウンである。教務主任，学年主任，生徒指導主事などのミドルリーダーが教職員と管理職とを円滑につなぐ役割を果たすだけでなく，自ら主体的・創造的に職責を遂行することで，情報的サポート等の機能が働き，組織の活性化と教職員の育成が図られる。

　3点目は，教職員間のコミュニケーションである。コミュニケーションの核となるものは，報告・連絡・相談である。報告・連絡・相談が十分にできないような関係であれば，一緒に会話をしてもお茶を飲んでも，心から楽しい気持ちにはなりにくい。報告・連絡・相談を行うことで信頼関係の基盤ができる。また，コミュニケーションには質も大切だが，量も大切である。何気ない会話の中で，自分の困っていることを気軽に同僚に相談したり，同僚から教材のアイ

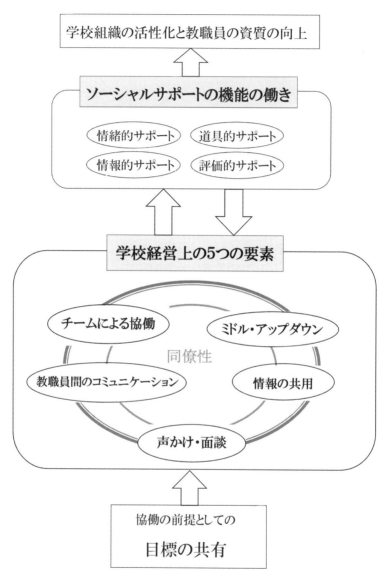

図2　学校経営とソーシャルサポートの関係

ディアをもらったりすることができる。こうした教職員間の量的・質的なコミュニケーションにより，情報的サポート等の機能が働き，人間関係の深まりと広がりが図られる。
　4点目は，情報の共用である。共有でなく共用である。教職員が職務上作成した教材，目標管理による自己目標シート，指導案等のデータはすべて指定の共通フォルダに入れ，全教職員の共用財産とする。これにより，道具的サポート等の機能が働き，相互に学び合う雰囲気づくりが図られる。こうした情報の共用は，特に若い教職員が仕事を行う上で大変参考になる。また，情報の共用により，自分にとって必要なものを活用できるので，どの教職員にとっても仕事の能率を上げることに役立つ。
　なお，定例校長会における教育委員会からの指示・連絡及び協議内容の要旨をＡ4版の用紙1～2枚程度にまとめ，必要な資料を添付して校内で回覧することも，情報提供による教職員の資質の向上と組織の活性化につながる重要な手立てとなる。
　5点目は，管理職による声かけ，面談である。教職員の自己申告による目標管理を学校経営や教職員の育成の観点から活用することが大切である。これにより，評価的サポート等の機能が働き，職務遂行の意欲を高めることができる。目標管理による面談については，第9章で詳しく述べる。

第6章 教職員間のコミュニケーションの活性化を図り,人間関係づくりをする

　第5章でも述べたが,教職員間のコミュニケーションが組織の活性化と教職員の育成にとって必要不可欠であるとともに,「和」のある学校経営の基盤にもなる。コミュニケーションの核は報告・連絡・相談であるが,これは信頼関係を築くことにつながる。コミュニケーションには質も必要であるが,人間関係づくりのためには量も大切である。多量のコミュニケーションによって,相互理解と親和が生まれる。職員室で自由に教育談義や雑談ができ,笑顔と笑い声が絶えない雰囲気づくりが必要である。

(1) 副校長,教頭等との打ち合わせ

　校長と副校長,教頭との関係は特別である。校長と副校長,教頭は一蓮托生でなければならない。校長と副校長,教頭が互いに信頼できないような関係であれば,「和」のある学校経営や教職員間のコミュニケーション,明るい職場づくりを実現することは難しい。副校長,教頭は校長に対して報告・連絡・相談を励行するとともに,特別な場合を除いて,校長は何事についても副校長,教頭に対して自分の考えや知り得た情報等を伝え,互いに意思疎通を図るように心掛けることが大切である。また,校長は教職員の前で副校長,教頭に対してこうした姿勢を示すことによって,校長と副校長,教頭との信頼関係が盤石であること知らせることも必要である。校長と

副校長，教頭との信頼関係が盤石であることが「和」のある学校づくりの大本になる。
　B中学校では，特別の場合を除いて，毎日，校長と副校長，教頭が校長室で一緒に学校給食の検食を行いながら，教科指導や生徒指導，学校行事等に関する情報交換を行ったり，学校運営等について共通理解を図ったりしている。三人だけの幹部会である。20～30分の短時間ではあるが，三人で率直に話し合うことができる。こうした，校長と副校長，教頭とのコミュニケーションも必要である。
　また，教育活動等に関して，校長，副校長，教頭，主幹教諭，指導教諭，教務主任，事務職員等との打合せを，少なくとも週に1度は行うことが大切である。教育職員だけで打合せをするのではなく，行政職である事務職員を加えることによって，法律的・財政的な視点から学校運営や教育活動について意見等を出してもらうのである。学校経営において事務職員の参画は必須である。

(2) 明るい職場づくりに向けて

　明るい職場づくりのための取組について学年団ごとに話し合って宣言文を作成し，職員室のよく見えるところに掲示するとともに，学期ごとに取組を振り返るようにする。
　C小学校では，下校指導が終わって教職員が職員室に戻ってくると，学年団ごとにお茶会が始まり，児童の様子，教科指導のアイディアなどについての情報交換が行われる。職員終礼が始まるまでの30分間が和気あいあいとした雰囲気の中で有効に活用されている。教員室内に談話コーナーなどのフリースペースがあれば，より自由な

雰囲気の中で教職員がコミュニケーションを行うことができる。こうした職員間のコミュニケーションを積み重ねることにより，相互に支え合い高め合う関係づくりができるとともに，職場への帰属意識や職務に対する自覚が高まっていく。こうした取組を通して，明るい職場づくりを進めることや不祥事防止にもつながるのである。

　また，管理職として，教職員が年次休暇，特別休暇を取得しやすい環境づくりに努めることも大切である。職員室の壁面のよく見える場所に，小黒板（ホワイトボード）を設置し，年次休暇と特別休暇を取得する予定の教職員は自分で日時や取得時間等を記入すると

表11　明るい職場づくりの取組

信頼されるＣ小学校教職員であるために，私たちは ①　教職員間でのコミュニケーションを大切にします。 ②　仕事とプライベートと分別をきちんとします。　　　　　（低学年グループ）
信頼されるＣ小学校教職員であるために，私たちは ①　適度の親睦会を開き，心をオープンにして語り合うことでストレスの軽減を図ります。 ②　教職員間はもちろんのこと，保護者や地域の方にも進んであいさつをします。　　　　　　　　　　　　　　　　　　　　　　　（中学年グループ）
信頼されるＣ小学校教職員であるために，私たちは ①　"３つのＳ（Smile, Speed, Sincerity）"を徹底します。 ②　仲良くします。　　　　　　　　　　　　　　　　　　（高学年グループ）
信頼されるＣ小学校教職員であるために，私たちは ①　報・連・相を大切にします。 ②　笑顔で誠実なコミュニケーションを大切にします。(特別支援グループ)
信頼されるＣ小学校教職員であるために，私たちは ①　報・連・相に努めます。 ②　毎日一回，顔を合わせてお茶会をします。　　　　　　（総務グループ）

ともに，管理職にその旨を申し出るようにすることも一つの方法である。事前に教職員の休暇取得が分かれば，中学校においては時間割係による時間割の変更，小学校においては教務主任等による補欠対応がスムーズに行えるようになる。こうした配慮により，教職員は年次休暇等を取得しやすくなり，また，教職員による互いのフォローも容易になる。

　さらに，緊急を要するなどの特別な場合を除き，通常，職員会議は勤務時間内で終了することを厳守する。また，当然のことではあるが，職員会議では協議事項と連絡事項とを区別し，基本的には協議事項に時間を充てることを徹底する。その上で，職員会議の冒頭において，校長がその日の会議の終了予定時刻を告げ，教職員の理解と協力を求めるのである。時間内に協議ができなかった事項については，以後の職員終礼等において少しずつ協議を行うことで対応する。こうした配慮も，教職員の時間的・精神的なゆとりを生み出すことにつながり，定時退校の取組とともに明るい職場づくりを行う上で欠かせない。

（3）報告・連絡・相談とチーム対応

　教職員間における報告・連絡・相談はコミュニケーションの核となることはすでに述べたとおりである。また，報告・連絡・相談は縦と横の両方の関係において情報共有が行われるため，チーム対応の基盤にもなる。ゆえに，チーム対応がうまくいくかどうかは，日頃の職務において報告・連絡・相談がいかに徹底されているかにかかっている。報告・連絡・相談を核とするコミュニケーションは，

情報共有だけでなく，人間関係づくりも促進する。チームがうまく機能するためには，日頃から教職員一人ひとりが報告・連絡・相談を実践することが何よりも大切である。

　チーム対応については，基本的には，学年団や分掌担当による対応ということが多い。もちろん，特別のケースによっては，学年団や分掌の枠を超えてチームを編成し対応する場合もある。チームのキャップとなる学年主任や分掌担当の主任といったミドルリーダーがいかにチームをまとめ，機動的に動かすことができるかが重要なポイントである。チーム対応の中で，若い教職員が支えられ，また鍛えられて育成される。校長は日頃からチームの状況を観察するとともに，ミドルリーダーから状況等についての話を聞くなど，コミュニケーションを図ることが求められる。

（4）ミニ学年会議の充実

　明るい職場づくりの項目でも述べたが，Ｃ小学校では下校指導が終わり職員終礼までの短時間を有効活用し，情報交換や学年会議を効率的に行っている。もちろん，学校種により，また学校によっても生活の時程が異なっている。例えば，Ｂ中学校では，毎朝，全教職員による職員朝礼を行い，その後学年団ごとに打合せを行っている。要は，こうした日々のミニ会議をいかに充実させるかである。議題としては，行事等の打合せから教材研究，生徒指導等まで多岐にわたっている。学年主任が教育課程との関連から議題を設定する場合もあれば，学年団の教員からの提案により議題を設定する場合もある。学年団の教員が協議してほしい議題がある場合には，その

旨を学年主任に相談し，了解を得た後，学年団の近くにある小黒板（ホワイトボード）にミニ会議の議題を記入して事前に知らせておくことや必要な資料を事前に配布しておくことも，効率のよい協議を行う上で必要なことである。学年主任が議題を設定する場合も同様に事前に周知を行う。ミニ会議を充実させることにより，学年団における質の高いコミュニケーションが図られ，様々な情報交換や対応の方向付け等が行われる。また，ミニ会議の司会は，学年主任だけが行うのではなく，学年団の教職員が輪番で行うことで，互いに力量を高め合うことができる。ミニ会議は，ソーシャルサポートの機能が働き同僚性が高まる機会でもある。

（5）生徒指導に関する情報共有　〜危機管理の視点から

　生徒指導上の問題行動等が起きた場合，教職員間の情報伝達をどのように行うかを明確にしておくことが大切である。

　まず，学級担任において事案が発生したことを学年主任，生徒指導主事に報告する。生徒指導主事（または学年主任）は事案の発生について教頭，校長に報告する。この段階で，事案によっては，児童生徒への指導や保護者対応等について生徒指導主事（または学年主任）に助言を行う場合がある。なお，事案によっては，早い段階で管理職（または生徒指導主事）が教育委員会に一報を入れ，助言等を受ける。

　次に，学年主任，生徒指導主事は必要に応じて学級担任が児童との面談を通して事実関係を把握することを支援する。事案によっては，学年団の他の教員も支援に加わることもある。事実関係を確認

した後,該当児童への指導を行う。この時も,学級担任だけで指導するのではなく,学年主任や生徒指導主事,学年の他の教職員が学級担任による児童への指導を支援する。生徒指導主事は,児童への指導,保護者対応の内容や方法等について口頭で教頭,校長に報告・連絡・相談を行う。これを受けて,必要に応じて教頭,校長が助言を行う。また,事案によっては,教頭,校長が保護者対応に加わったり,関係機関等の支援を受けたりする場合がある。保護者対応が終了した後,生徒指導主事は事案と対応の概要を報告文にまとめ,起案文書として回覧する。

　以上の手順は,少し面倒なように思われるかもしれない。しかし,手間がかかりすぎるというほどのものではない。教職員がスピード感をもって行えば実施は可能である。重要なのは,事案発生から児童への指導や保護者対応の終了までに,校長への報告・連絡・相談が複数回行われることである。次第に詳細な情報等が伝えられる中で,校長としては指導や対応が適切かどうかを確認することができる。

　生徒指導上の情報交換は日々の職員終礼においても行われるが,C小学校では,毎週,金曜日の職員終礼において1週間に発生した事案と対応の概要をすべての学年団から報告することにしている。いわゆる,週1回の全教職員による生徒指導連絡会議である。もちろん,報告だけで済ませるのではない。他学年の教員から対応等に関して質問があった場合には,当該学年の教員から回答が行われ,全体で対応等の確認と共通理解を図っている。校長としては,週1回の全教職員による生徒指導連絡会議を含めて,同じ事案について

指導や対応の適切さを4回以上チェックする機会をもつことになる。

　こうした報告・連絡・相談を中心とした生徒指導に関する情報共有を行い，全教職員が共通理解し共通実践を行うことが大切である。また，校長としては，日々の授業観察や校内巡視を通して児童生徒の状況を自ら感じ取るとともに，出席黒板や出席簿により学校全体の出欠状況等をチェックしたり，児童生徒の生活や健康の状況等について生徒指導主事や養護教諭等とコミュニケーションを図ったりして総合的に児童生徒の状況を把握することも重要である。

　さて，危機管理には，危機の状況が起こらないようにするための事前の対処法としてのリスクマネジメントと，危機発生後の対処法としてのクライシスマネジメントを含んでいる。そして，危機管理は最悪の状況を想定して行うことが重要である。危機発生後の対応には，保護者対応やマスコミ対応などがあり，大変なエネルギーを要することになる。もちろん，そうした対応ができるように体制を整えておくことは大切である。しかし，もっと大切なのは，日頃から教職員が児童生徒一人ひとりを大切にした教育実践を行うとともに，報告・連絡・相談，情報の共有と共通理解，チーム対応，対応の検証を実践すること，つまりリスクマネンジメントをしっかりと行うことである。

　なお，自校の危機管理マニュアルは，毎年，主幹教諭や生徒指導主事等を中心にして全教職員で見直す必要がある。また，教職員には人事異動があり，毎年，新しい教職員が転入してくる。そのため，年度当初には必ず危機管理マニュアルを使用して，基本的な対応等

について教職員間で共通理解を図っておくことが大切である。

第7章　校内研究・校内研修を充実させる

　校内研究・校内研修を充実させることは，教育目標，目指す児童像，学校経営目標の実現に向けて教育内容と教育方法の両面において教職員がベクトル合わせをして取り組むことになり，教職員の学び合いによる同僚性の育成と一人ひとりの資質の向上につながる。
　P市では，2011年度から「だれもが行きたくなる学校づくり」プログラムにすべての小学校，中学校で取り組んでいる。目的は，良質なコミュニケーションを大量に児童生徒に与えることで，児童生徒が良好な人間関係を築き，学校適応を促進することにある。このプログラムは，①SEL（Social and Emotional Learning），②協同学習，③ピア・サポート，④品格教育の4つの内容で構成されている。
　P市の方針を受けて，C小学校では校内研究テーマを「進んで人と関わりをもち，望ましい人間関係を築こうとする子の育成　～SEL，協同学習，ピア・サポート，品格教育を通して～」と設定して研究実践に取り組んでいる。
　本稿では，研究内容についての詳細な説明は避け，簡潔な説明にとどめたい。まず，SELとは，社会性と情動の学習であり，具体的には人間関係づくりのスキル・トレーニングを行うものである。相手の感情を追体験することで理解し，自分の感情をコントロールすることをねらいとしている。
　次に，協同学習とは，児童生徒が互いに助け合って学習するもの

表12　校内研究における目指す児童像

	低学年	中学年	高学年
SEL	自分や相手の感情を知る。(感情理解)	人間関係を円滑にしたり,自分の感情をコントロールしたりするための知識や技能を身に付ける。	自分や友達の感情を理解し,それに応じた人とのかかわり方を暮らしの中で実践することができる。
協同学習	自分で話し合おうとする。	役割を果たし,話し合いに進んで参加する。	互いの考えを尊重し,認め合いながら共通課題を解決しようとすることができる。
ピア・サポート	思いやりの気持ちをもって行動できる	相手の立場を考え,思いやりをもって行動できる。	生活の中にある課題を見つけ,それを解決しようとすることができる。
品格教育	自分のめあてをもって行動できる。	よりよい自分になるためのめあてをもって行動できる。	よりよい自分を目指し,目標を立てて実践することができる。

写真1　協同学習

である。ペアやグループでの活動により,気持ち,役割,考えの交流を通して,良好な人間関係を築き,学習意欲を向上させる学習方法である。

写真2　ピア・サポート

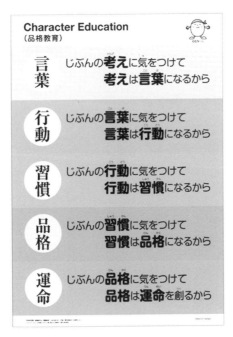

図3　品格教育の趣旨

第7章　校内研究・校内研修を充実させる　49

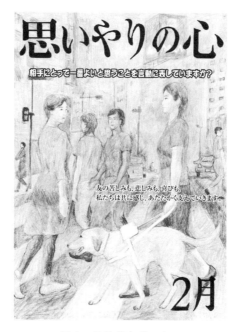

図4　品格教育ポスター

　次にピア・サポートとは，児童生徒が相互に支え合う活動であり，思いやりを育むものである。校内だけでなく，異校種間でのサポート活動も行う。

　最後に，品格教育とは，人が人とかかわるルールなどを身に付けるものである。言葉によって徳に気付くようにするとともに，その行動化を促し，行動と振り返りの積み重ねによって，よりよい習慣を身に付けることをねらいとしている。具体的には，月ごとのテーマ（例えば，4月「あいさつ」，6月「思いやり」など）と道徳教育等との関連を図って教育活動を行うものである。

(1) 校内研究テーマや内容についての共通理解

　C小学校では，赴任する３年前から同じテーマで研究実践に取り組んでいる。勤務した２年間においても同じ研究テーマで研究実践に取り組んだ。毎年10人以上の教職員が人事異動により入れ替わり，２年間で全教職員数の３分の１以上が新しいメンバーになっている。研究実践を継続させ，さらに深めていくためには，人事異動による構成メンバーの変化への対応をきちんと行うことが大切である。

　そのための具体的な方法として５点示したい。

　１点目は，人事異動により転入してきた教職員に対して，可能な限り早い段階で校内研究についてのミニ講義を実施することである。研究主任が中心となって，研究テーマについての基本的な考え方，それに基づく具体的な内容や方法等について，前年度までの実践を要約した資料を使って短時間で講義を行い，転入してきた教職員が少しでも早く教育実践に取り組むことができるようにサポートするのである。

　２点目は，研究主任と研究副主任を位置づけることで，新旧交代や人事異動による教職員の構成の変化に対応できるようにすることである。もちろん，研究主任と研究副主任には，理論に関する知識を有しているだけでなく優れた教育実践のできる教員を充てたい。

　３点目は，全教職員を研究組織に位置付けることである。C小学校では，キャップとなる教員については校長，教頭の意向で決定するが，他の教職員の構成については教職員が主体的に話し合って案を作成し，最終的に校長が承認する方法をとっている。教職員が自

表13　研究だより

研究だより

C小学校
研究推進部会
H○○．7．14

サテライト研修・全体研修で

◇ 協同学習では「感情の交流」が大切だと念をおされました。グループの中での"安心・安全"が保障されなければ，思考・役割の交流は生まれません。反対に，「楽しい」という快感情とセットで覚えたことは記憶しやすいということも言われました。

◇ 6月の協同学習調べでは，「子ども達が協同学習を喜んでいる」という感想が出始めました。続けてやっていると必ずでてくる感想です。こうなれば，自然と感情の交流は生まれ，子ども同士で楽しく学習→記憶力アップ→学力向上というプラスの方向に向かいます。そのためには，とにかく「やってみる！」「1日30分以上」です。

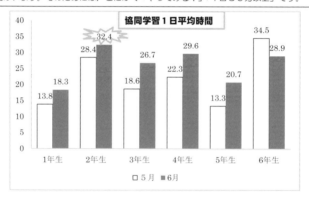

協同学習1日平均時間

学年	5月	6月
1年生	13.8	18.3
2年生	28.4	32.4
3年生	18.6	26.7
4年生	22.3	29.6
5年生	13.3	20.7
6年生	34.5	28.9

効果的だったこと，感想等

【1年】
・1年生という発達段階において，気持ちの勉強をする事、協同学習で友達に寄り添ってともに学ぶという経験は，すごく大事なので，しっかり**基盤**を作ってやりたい。
・ペアの時間を増やしました。左①右②といつも固定すると，スムーズに伝え合いができるようになりました。
・朝のペアトークは，何度も同じ話題を入れました。声が少しずつ大きくなっていて，**楽しそうな姿**が増えました。

【2年】
・(単なるグループ学習も含めてしまっていますが)子ども達は，グループ学習することを**喜んで**います。算数などで課題が早く終わると，こちらが何も言わなくてもミニ先生になって教えてあげる子が増えてきました。
・ただ隣とワークシートを見せ合うだけでなく，お互いの意見を読みあったりする活動もできるようになりました。グループでの教え合いなどもしていきたいです。
・子ども達が**抵抗感なく，喜んで**協同学習することができるようになり，よりスムーズに活動できるようになった。しかし，こちら側の活動の質も上げていかないと，子ども達に飽きがきてしまうという懸念も感じられた。

【3年】
・自習の多かった週になかなかできず，残念でした。多くの時間に取り組めるようになってきているので，続けたいです。
・前回より意識してがんばりました。
・〇が全然付かない。5月よりは増やせたので，これからさらに増やせるようにがんばりたいです。

【4年】
・司会者を立てる方がよい。「話し合い」と「教え合い」で進め方が違う。しかし，中心となる児童がいた方がよかった。
・国語の報告書作りを協同学習で行った。アンケート結果を協力して集計することができた。
・他のクラスが600分を超えていたので，私ももっと協同学習の時間を増やしたいと思いました。7月は，がんばります！

【5年】
・もうちょっと，協同学習を授業にくみこんでいかないとだめですね・・・。
・作業のある話し合いでは，意見がよくでていたので，**ホワイトボード**などを使って，作業を取り入れたい。
・う～む，十分したつもりですが‥‥難しい。
・サテライトのお話を受け，協同学習中心の授業作りに取組みたいと思いました。

【6年】
・出張，研究授業でテスト・自習も多く，少なめでした。
・算数の式読みのところは，**協同学習がベースの授業**ができた。購入した**ホワイトボード**が大活躍で，使い方にもするにも慣れた。
・今回はサテライトに向けて，国語の話し合い活動が主だったが，**社会科の人物調べの中でも**話し合いがもてた。
・家庭科で自分の生活を見直すときや，保健の生活習慣病のところでも意見交換ができ，有効だった。

分たちで研究組織をつくることで，やらされ感が減少し，主体的・創造的に研究実践に取り組むことにつながる。

　4点目は，校内研究に関する校内通信（「研究だより」）を発行することである。学期に2回程度，研究主任，研究副主任，各部会のキャップが中心となって発行し，教職員に対して研究推進に関する情報提供等を行うのである。これにより，教職員一人ひとりが各部会の取組状況を把握するとともに，今後の取組の方向性をつかむことができる。

　5点目は，当該年度において取り組んだ研究実践の成果と課題を明らかにし，研究紀要として冊子にまとめることである。もちろん，研究紀要にまとめることが目的になってはならないが，研究実践をまとめる作業を通して成果と課題についてより深く見つめることができるとともに，次年度以降への方向性が明らかになってくる。また，研究紀要にまとめて記録として残すことは，次年度以降に転入してくる教職員にとっては具体的な取組等が記録された手引き書になる。

（2）分かる授業づくりについての共通理解と実践

　C小学校の「教職員としての心得」の4項目に「分かる授業づくり」を掲げている。具体的には，①学習のめあてを明確に示すこと，②考えなどを交流する協同学習を取り入れること，③一人ひとりに応じたきめの細かい指導支援を行うこと，④発問や板書を工夫し，効果的に行うこと，⑤ICT機器を活用し，説明などを分かりやすくすること，⑥まとめや振り返りをする活動を取り入れること，⑦学習

表14　C小学校　授業力アップ　振り返りシート

　　　　　　　　　　　　　　　年　　　月　　　日（　　）　　　　　　校時

　年　　組【教科等　　　　　　　　】　　　授業者＜　　　　　　　　　＞

　　　　　　　　　　　　　　　　　　　　　　　　　　　　　　　　◎○△

児童の学習態度	1	学習規律があり，教師や友達の指示・説明をよく聞いて，活動できている。	
教師の指導	2	本時のめあてをはっきりと示して板書し，めあての内容も適切である。	
	3	児童に分かりやすく，適切な指示・発問をしている。	
	4	課題発見や課題解決に適した教材・教具を活用している。(ICT機器の活用等)	
	5	うなずいたり相づちを打ったりして，児童の発言や行動を共感的に受け止めて，指導している。	
	6	協同学習やグループ学習等を取り入れ，児童同士が学びあう場を設定している。	
	7	効果的な板書を工夫している。	
	8	めあてにあった，学習のまとめや振り返りができるようにしている。	

＜気付いた点＞

_____

_____

_____

_____

_____

規律を確立し，安定した学習指導を行うこと，の7点である。

　この7点を掲げるに当っては，事前に教頭や教務主任，研究主任，研究副主任から意見を聞き，基本的な考え方等について共通理解を図っている。

　7点の方針を具現化するため，研究主任と研究副主任が中心となって，授業参観を行うときに使用する「授業力アップ振り返りシート」を作成している。このシートは，授業参観を行うときに使用するだけでなく，授業づくりの際にも参考にすることができる。つまり，普段の授業づくりの視点としても役立つものである。特に，新採用教諭にはこのシートを授業づくりの視点として活用するように助言を行っている。このシートの活用により，分かる授業づくりについての共通理解が図られ，具体的な実践に結び付けることができる。

　分かる授業づくりの7点は，通常学級における特別支援教育の観点を取り入れた授業づくり（授業のユニバーサルデザイン）を踏まえている。すなわち，授業のねらいや活動，教材などをシンプルにする「焦点化」，視覚的な手がかりを効果的に活用する「視覚化」，ペア学習やグループ学習による思考の深まりを支援する「共有化」などを含んでいる。

　また，協同学習の実践は言語活動の充実につながる。事実，協同学習の実践により，児童生徒の学習意欲が高まるとともに，思考力・判断力・表現力などの活用力が伸びている。今，話題になっているアクティブ・ラーニングの実践でもある。

（3）一人1回以上の公開授業と全教職員による研究協議

　C小学校では，研究テーマに基づいて，年度内に教職員一人1回以上，公開授業を行うとともに，全教職員による研究協議を行っている。

　赴任した1年目は，低学年では学級活動におけるSELを，中学年では理科，音楽科，総合的な時間における協同学習を，高学年では総合的な学習の時間におけるピア・サポートの公開授業を行った。2年目は，全学年で協同学習の公開授業を行った。すべての教科等を対象とし，1日の授業において30分以上協同学習を行うことを目指して取り組んだのである。公開授業では，国語科，算数科，理科，音楽科，道徳の時間における取組が見られた。

　こうした公開授業を参観する際には，教職員は視点をもち見取る児童を決めて参加するようにしている。また，公開授業後は学年部会での研究協議，全教職員による研究協議を短時間であっても必ず実施し，「授業力アップ振り返りシート」に基づいての意見交換を行うとともに，ピア・サポートや協同学習の有効性等についての協議を行っている。学年部会や全体での協議で出された意見等は記録に残しておくことで，次回以降に公開授業を予定している教員だけでなく，すべての教職員にとって参考となる。

　また，例えば，P市指定の「だれもが行きたくなる学校づくり」のサテライト研修会の会場校になった場合には，低学年，中学年，高学年の各学年において，協働で教材研究を行い，同じ指導案を使って複数の学級で事前に授業実践の積み上げを行い，最終的に代表の教員がサテライト研修会当日に公開授業を行うようにしている。こ

の取組により，学年団による授業の積み上げと練り上げができるとともに，学び合いによる教員の資質の向上が図られる。特に，若い教員にとってはよい研修の機会になる。サテライト研修会当日に，あえて若い教員が公開授業を行うようにすることで，学年団内のサポート体制が強化され，教員の育成が一層図られる。

　なお，B中学校では，指導案に目標管理における自己目標との関連を示して，公開授業を行うようにしている。このことにより，授業者は自己目標をより意識して授業づくりをするとともに，他の教職員にとっては授業者の個人目標を知る機会や授業を参観する視点にもなる。また，授業後の研究協議においても，自己目標との関連について授業者と参観者との間で質疑応答が活発に行われ，研究協議を活性化することにもつながっている。

（4）教育課題に関する校内研修会の実施

　学校の教職員は多忙である。普段，まとまった時間をとって校内研修会をもつことはなかなか難しい状況にある。夏季休業中においても，校外研修会等（出張）があるため，全教職員が集まることはかなり難しい。しかし，年度当初に校内研修会の計画を立てておくことで，可能な限り全教職員が参加する校内研修会を開催することができる。C小学校では，夏季休業中に3日間を充てて校内研修会を行っている。

　校内研修会のテーマは，校内研究に関するもののほかに，その学校の教育課題になっているものを取り上げることになる。例えば，道徳教育，特別支援教育，人権教育，キャリア教育，生徒指導，教

育相談，情報教育などである。

　校内研修会における講師は，可能な限り自校の教職員が務めるようにすることが望ましい。もちろん，教職員からの要望等で外部講師を招聘することも結構である。しかし，自校の主幹教諭や指導教諭，研究主任，生徒指導主事，特別支援教育コーディネーター，スクールカウンセラーはもとより，長期研修や短期研修に参加した教職員，校務分掌のキャップで高い専門性を有している教職員等を活かすことで，課題に対する教職員の共通理解とベクトル合わせができるとともに，講師を務めるという経験を通して人材育成を図ることができる。

　また，普段においても，短時間で行うように工夫すれば校内研修会を開くことは可能である。いわゆる30分限定のミニ研修会である。C小学校では，下校後，職員終礼までの時間は通常お茶会を飲みながらの学年会等に充てている。決して常態化してはならないが，時々，この時間を活用するのである。事前にミニ研修会の開催を予告し，教職員の理解と協力を得て実施している。

(5) 校外の研修会への自主的参加を促す

　自校の教職員には校外（県内外）の研修会に自主的に参加するように促すことが大切である。C小学校では，教職員の心得として「伸びる教職員」を掲げていることもあり，県内外の研修会に可能な限り参加ことを勧めている。県内外の研究会に参加して視野を広め，新たな情報を得ることは有意義なことである。とは言え，教職員は多忙である。特に学級担任であれば，学級の児童生徒のこと等が気

になって校外の研修会に参加しようとしてもできないことがある。学級に生徒指導上の問題行動が発生し対応中などの特別な場合を除いて，校長が学級担任に対して「私たちがあなたの学級を見ています。心配しないで校外の研修会に参加しなさい」と言うべきである。こうした対応ができる学校では，明るい職場づくりや教職員の学び合いができ，同僚性が育まれている。そして，「和」と活力ある学校になっている。反対に，一部の教職員だけが自主的に校外の研修会に参加し，他の教職員は悉皆の研修会に参加するが精一杯というのでは，「和」や活力のある組織づくりができているとは言えないであろう。

　また，国が主催する3週間程度の長期研修や1週間程度の短期研修にも進んで参加するように促すことも大切である。長期・短期の研修は視野を広げ，専門性を高めるよい機会であり，また全国の教職員とのネットワークづくりをする絶好の機会になる。長期・短期の研修に参加する教職員には，「専門性を高めることは半分で，もう半分はネットワークづくりだ」と言って送り出している。B中学校に勤務した3年間では，2人の教員を短期の研修に，1人の教員を短期の海外研修に派遣している。また，C小学校に勤務した2年間では，3人の教員を長期・短期の研修に，1人の教員を短期の海外研修に派遣している。これは，教育委員会はもとより，校内の教職員の理解と協力があればこそ実現したものである。長期・短期の研修を経験した教職員は，校内研修会だけでなく地域における研修会においても講師を務め，研修成果を還元することになっている。こうした機会も人材育成につながる。

第8章　学校を開く

　学校を開くとは，内外に学校を開くことである。これまでに述べてきたことは，教職員間の共通理解やチーム対応など，どちらかと言えば内に開くことに重きを置いている。内に開かれた学校づくりの大本は，校長室が開かれているかどうかである。校長自身が胸襟を開いているかということもあるが，まずは校長室のドアが開かれた状態になっているかでどうかである。来客等の場合を除いて，普段は校長室のドアは開いているべきである。いつも校長室のドアを閉じている校長は「皆さんの意見等を聞きたいとは思いません」と，また校長室からほとんど出ようとしない校長は「児童生徒の頑張っている姿や教職員が努力している姿を見たいとは思いません」と態度で示しているようなものである。何かと課題の多い昨今，校長室のドアを閉じたままの校長，校長室から出ようとしない校長が存在するとは思えないが。ここでは，外に開かれた学校づくりについて述べる。

（1）見られることで成長

　児童生徒や教職員は，学校の外部の人に見られることによって成長する面がある。一般的に，外部の人による授業参観をあまり行っていない学校では，外部の人が教室の後部に入ってきたとき，多くの児童生徒が後ろを振り向いて学習が中断する瞬間がある。教師も

その瞬間を仕方なく受け止め，児童生徒に「学習に集中しましょう」などと注意を促すこともある。

　一方，外部の人による授業参観を積極的に行っている学校では，外部の人が教室に入ってきても，児童生徒は全く動揺することなく教師と児童生徒，児童生徒同士のやりとりが自然な状態で続いている。ただし，児童生徒も教師も外部の人に対して無反応の場合が多い。学校は人間教育の場である。学習に集中するだけがすべてではないと思う。

　外部の人による授業参観を心から喜び感謝している学校では，外部の人が教室に入室したとき，児童生徒と学級担任が一緒になって「おはようございます」「こんにちは」とあいさつをする。その後は，また自然な流れで学習が続くのである。人間味のある素晴らしい教育指導ではないだろうか。おそらく，外部の人による授業参観が日常的に行われている学校では，児童生徒と教師が外部の人にどのようにかかわったらよいか話し合ったのではないかと思われる。その結果として，どの学級においても，学習の自然な流れの中で「あいさつ」が行われるのであろう。

　C小学校においては，年間30回以上，学校公開を行って外部の人に授業参観をしていただいている。児童が外部の人に「あいさつ」を行えるようになっており，授業参観の後で訪問者がこのことを話題にすることがある。

　保護者だけでなく，地域の民生委員，主任児童員，保護司，学校評議員，青少年育成センター補導員，市会議員，教育委員会事務局職員，市外からの教育視察等，多くの人に学校を訪問していただき，

授業参観を通して児童生徒の様子や学習内容・学習方法等を知っていただくことは，家庭・地域・関係機関との連携という視点からも，また児童生徒や教職員の育成の視点からも大切である。見られることで児童生徒や教職員が成長し，見られることで学校がよくなるのである。

(2) 異校種間の乗り入れ授業

一般的に，小学校と中学校との接続がうまく行われていないことで，中学校に入学後，学校不適応の問題が生じていると言われている。以前，B中学校区においても同様な状況であったが，P市をあげて「だれもが行きたくなる学校づくり」に取り組む中で，中学校区内での小・中学校の連携が進められ，成果として中学校における

写真3　中学生による学習支援（ピア・サポート）

不登校の出現率が減少している。

　小・中学校の連携の具体的な内容であるが，初めのうちはピア・サポートの取組を中心とし，中学校3年生が小学生への学習支援を行うことと，中学校1年生が小学校6年生に中学校生活について説明と質疑応答の機会をもつことを中心に行っていた。これは，小学生の学習意欲の向上と中学校生活に対する不安の解消，また中学生の自己有用感の高揚につながっている。

　その後，こうした取組に加えて，B中学校区の校長会のリードにより，中学校教員による小学校への乗り入れ授業が行われるようになった。具体的には，中学校教員が小学校へ出向き，小学校6年生を対象に国語科，算数科，社会科，体育科，音楽科など，中学校教員の専門性を生かした学習指導を行うのである。6年生にとっては，中学校教員による授業を体験することができ，中学校の学習に対する不安の解消，中学校生活への期待感の高まりという効果がある。

　また，前年度に小学校6年生の学級担任であった教員が次年度に中学校へ出向き，中学校の教員とのティーム・ティーチングにより，中学校1年生を対象に国語科，数学科，外国語科などの学習指導を行うのである。中学校1年生にとっては，小学校6年生の時の学級担任に再会できることや，中学校で頑張っている姿を見てもらえることで励みになるなど，学校適応が促進されるという効果がある。

　今後は，保育園，幼稚園と小学校との連携についても充実させて，小1プロブレムの解消を図るとともに，児童生徒の健全な成長のために中学校区における一貫教育を推進することが求められている。

　こうした異校種間の連携を推進するに当たっては，中学校区にお

C小学校
校長室だより
平成〇〇年 七月 ①

一学期も残りわずかとなりました。

先日の参観日では、お忙しい中お越しくださり、ありがとうございました。児童が学習に頑張っているところをご覧いただいたり、生活の様子等についてご覧いただいたり、学級懇談で情報交換を行ったりしていただき、保護者の皆様と学級担任が互いに信頼関係を築く良い機会となりました。

また、PTA支部会にもご参加くださり、児童の登下校の安全確保等について情報交換を行っていただき、ありがとうございました。

一 児童朝礼の言葉（要旨）

今日は「良いことを進んで行う」ことについてお話しします。

私たちの心の中には、良いことを行い悪いことを避ける「良心」があります。普段の生活の中で良心を意識することはあまりないと思います。どうしようか迷ったとき、どうしたらよいか判断するときに、心の中の良心が働きます。

例えば、次のようなとき、皆さんはどのような行動をとりますか。

廊下にゴミが落ちているのを見つけたとき、どうしますか。拾ってゴミ箱に捨てておきますか。そのまま放っておきますか。

友達が困っているのを見たとき、どうしますか。黙ったまま見ていますか。「大丈夫？」と言って手助けをしますか。

友達が良くないことをしているとき、どうしますか。見て見ぬふりをしますか。「だめだよ」と注意しますか。

人間は弱い動物です。良いことだとは分かっていても、なかなか実行することが難しいのも事実です。

しかし、一つ良いことをすると、次に良いことをするのが簡単になります。それを続けているうちに、もう良いことをするのが当たり前になって、苦痛でもなんでもなくなります。そこが人間のすごいところです。

私たちは互いに支え合って生活しています。一人ひとりが皆のことを考えて、勇気をもって良いことをするように心掛ければ、もっと楽しく生活しやすい学校にすることができると思います。

良いことを進んで行いましょう。良いと思うことを勇気をもって行いましょう。そして、もっとすばらしいC小学校にしていきましょう。

二 中学校教員による乗り入れ授業

本年度から、B中学校ブロック校長会では、「小・中連携による授業改善と学力向上推進事業」に取り組んでいます。

先日、この事業の一環として、六年生を対象にB中学校教員による算数の乗り入れ授業を実施しました。

目的は、中学校教員が学区の小学校に出向いて専門性を生かした授業を行うことで、児童の学習意欲を高めるとともに、小学校と中学校との接続を円滑にし、中一ギャップの解消を図ることにあります。

次に、児童の感想をご紹介いたします。

・ブラックボックスを使った授業をしていただき、ありがとうございました。とてもおもしろくて、関数が分かりました。問題を考えたりして楽しく学べました。B中学校へ行くのがより楽しみになりました。

・ブラックボックスを使っておもしろく教えてもらって楽しく授業ができました。私は、前より算数が少し好きになった気がします。私が中学生になって、またこんな分かりやすい授業をしてくださる機会があったらとてもうれしいです。これからも頑張ります。

・算数の時間に、B中学校から来てくださってありがとうございました。すごく楽しくて分かりやすかったです。あのブラックボックスの中がどうなっているのか気になりました。先生が出してくださった問題は少し難しかったけど、分かったときはすっきりして気持ちがよかったです。来年は中学生になります。授業の中で先生にお会いできることを楽しみにしています。

ける保育所の所長，幼稚園の園長，小・中学校の校長が普段から定期的に連絡会をもち，連携の目的と方向性を共通理解することが大切である。

（3）教育視察の受け入れ

　C小学校では，校内研究としてSEL，協同学習，ピア・サポート，品格教育に取り組んでいることから，外部の教育関係者による教育視察も多い。勤務した最後の年度では，県内外をはじめ外国からも教育視察に来ている。教育視察を受け入れる場合は，指定した公開授業は行わないで，すべての学級における授業を参観できるようにしている。全学級の公開授業が原則なのである。そのため，特定の児童，特定の教職員に負担をかけることはない。すべての児童，すべての教職員が主役となるため，見られることで成長するよい機会になっている。

　また，公開授業の後，研究主任等から視察団に対して研究概要について説明したり質疑応答したりする場合が多い。これも教員を育成したり，自校の研究実践を見つめたりするよい機会になっている。

（4）中学生，高校生，大学生との交流

　まず，小学生と中学生との交流についてである。異校種間の乗り入れ授業のところで，ピア・サポートの活動として中学生が小学生に学習支援を行っていることを述べた。その他，職場体験で3日間，希望した中学生が小学校で学習支援を行ったり，小学生と一緒に遊んだりして交流している。また，部活動の一環として，例えば，吹

奏楽部の部員が小学校で演奏会を開いて小学生と交流することなども行っている。

次に，小学生と高校生との交流についてである。B中学校区には県立のD高等学校がある。C小学校とは距離的にも近いところにある。D高等学校の校長と面識があったので，高校生がボランティア活動で小学生に学習支援を行うことはできないだろうかと話したことがある。小学校と高等学校はすぐ近くにありながら，今までほとんど交流したことないのである。D高等学校の校長は提案を快く受けてくださり，高校生による社会貢献活動の一環として夏期休業中にC小学校の児童をD高等学校に招き，高校生が宿題を教えるという取組が始まった。

初年度は3日間の実施で延べ283人の児童が，次年度は2日間の実施で延べ189人の児童が参加している。児童は冷房の効いた高等学校の教室で高校生に優しく勉強を見てもらったことを大変喜んで

写真4　大学生ボランティア

C小学校
校長室だより
平成○○年　十月　②

錦秋のころとなりました。
児童は落ち着いた環境の中で、勉強や運動に頑張って取り組んでいます。
先日、P市学童陸上記録会が開催されました。六年生は自己記録の更新を目指してよく頑張りました。友達を応援する姿も立派でした。

一　児童朝礼の言葉（要旨）

今日は、あいさつについてお話をします。
毎日、たくさんの人と気持ちのよいあいさつをしていますか。
あいさつは、相手を思いやる気持ちをあいさつという形を通して伝えるものです。心を形で表すのです。あいさつをするとき、次の二つのことに留意する必要があります。

一つ目は、気持ちを込めて行うことです。気持ちが込もっていないあいさつは、虚礼と言って本当のあいさつではありません。

二つ目は、形を整えて行うことです。例えば、「おはようございます」という言葉を相手に聞こえるようにはっきりと言うことや、場合によってはおじぎをしながらあいさつをすることなどです。
あいさつをするとき、自分の気持ちを自然なものなどで表しましょう。そうすると、相手にとっても、自分にとっても、気持ちのよいあいさつができると思います。
あいさつは、短い言葉だけど、自分にとっても相手にとっても心を通わせる大切な瞬間です。自分から先にあいさつをしたら、相手もあいさつをしてくれます。もちろん、先に相手から言われても、あいさつを返しますよね。あいさつは、する人も気持ちがよいし、された人もよい気持ちになります。

あいさつには、人と人をつなぐ力があります。気持ちのよいあいさつを通して、明るい家庭、明るい学級や学校、明るい地域や社会をつくっていきましょう。

二　役割と責任

児童のみなさんに、役割と責任について伝えたいと思います。
私たちは、学年や学級、縦割り班、委員会など、いろいろな集団の中にいます。そして、たくさんの人とかかわりながら支え合って生活しています。
集団生活を楽しく充実したものにするために、一人ひとりが集団の一員として、取り組まなければならないことがあります。それを役割と言います。

役割には、自分から進んで取り組むもの、みんなから自分に任されたもの、当番で行うものなどがあります。どの役割も、その役割がなければ集団生活は成り立ちません。一人ひとりが主役なのです。
今までに、進んでみんなのために働き、みんなの役に立つことで、喜びを感じた経験があると思います。みんなのために流す汗はとても美しいものです。それはまた、自分の成長をもたらし、自信となって返ってきています。一人ひとりが自分の役割を責任をもって果たしましょう。そして、集団生活を楽しく充実したものにしましょう。

三　川崎医療福祉大学の学生ボランティアの言葉（要旨）

この度は、学校見学・学習の機会を賜りまして、誠にありがとうございました。
各係に分かれて担当させていただき、運動会を運営するためにはどのようなことを行うべきかを様々な視点から学ぶことができました。
今回の学校見学・学習の経験を活かし、常に児童のことを考えて、声かけや指導を行いながら、運動会を円滑に進むように取り組まなければならないことが分かりました。さらに自分を磨いてまいりたいと存じます。至らない点ばかりではありますが、ご指導いただきまして、ありがとうございました。

いる。「あんな高校生になりたい」という憧れをもった児童もいる。高校生にとっても自己有用感を高める機会になったようだ。小学生と高校生の交流は今後も継続されることを期待している。

次に，小学生と大学生との交流についてである。県内の4～5大学に大学生ボランティアを募り，平日の授業において学習支援を行っている。初年度は2学期から取り組んだのにもかかわらず延べ70人の大学生が，次年度は延べ104人の大学生が，週に2～3日のペースで小学生への学習支援を行っている。また，遠足や校外学習などの学年行事，運動会などの学校行事では，大学生ボランティアは大変ありがたい存在である。大学生ボランティアは，P市の学校支援ボランティアに登録するので，P市において傷害保険を掛けることになっている。

C小学校で学習支援を経験した大学生の中には，在学の教職課程では小学校教諭の免許状が取得できないので，卒業後に通信制大学の教職課程で小学校教諭の免許状を取得し，将来は小学校教諭になりたいという者もいる。

小学生と中学生，高校生，大学生との交流は，それぞれの立場において，社会で自分の役割を果たしながら，自分らしい生き方を実現していくキャリア発達を促す面からも意義がある。

（5）地域の人材を活用した教育活動

学習活動の中で，地域の教材や人材を活かすことが叫ばれて久しい。小学校ではかなり実践されているが，中学校では学校によって取組に温度差がある。特に地域の人材活用は難しい。中学校では学

習内容が高度になってくることに起因しているのか，学校の敷居の高さに起因しているのか，地域の人材活用に関する教職員の意識の低さに起因しているのか，実際に調査を行った訳ではないが，やはり教職員の意識の問題が一番であろう。地域には専門的な知識や技能等をもった人材がかなりの数でいる。教育現場で活用しないのはもったいない話である。

　B中学校に勤務しているとき，学校評議員の一人に1年生の学級担任とのティーム・ティーチングによる道徳授業を行い，終末の段階でねらいとする価値に関する講話をしていただいたことがある。人生経験豊かな学校評議員の話に生徒がどんなに感銘を受け喜んだことか。しかし，こうした単発の実践はできたものの，教育課程に地域の人材活用を位置づけ，全教職員が積極的に教育活動の中で取り組むまでには至らなかった。3年間の勤務で改善ができたことも

写真5　地域の人材活用

あるが，反面，十分な取組ができなかったこともある。地域の人材活用は十分な取組ができなかった一つである。校務分掌に地域連携の担当を設けているだけでは日々の教育活動には結び付かない。すべての教職員が地域連携の重要性を認識するとともに，教育活動の全体計画や年間指導計画に地域の人材を活用する欄を設けて，年間を見通して実践したいものである。

　今，社会に開かれた教育課程が話題になっている。子どもたちに求められる資質や能力を教育課程において明確にするとともに，それを社会と学校とが共有し，連携して実現しようというのである。地域の人材を活用した学習指導を展開したり，放課後や土曜日等を活用した社会教育と連携したりするなど，学校が地域社会とどうかかわれるかが問われている。

第9章　目標管理を活かす

　学校現場に自己申告による目標管理が導入されて10年以上が経過する。導入されてからの数年間，勤務評価（人事評価）とあわせて目的や具体的な進め方等について管理職研修で必ず取り上げられていた。最近では，勤務評価（人事評価）結果が処遇に反映されることになったため，管理職研修では勤務評価（人事評価）の進め方等に力点が置かれているように思う。

　Y県では，教職員の資質の向上と学校組織の活性化を図り，もってY県の教育の充実に資するという目的のもと，自己申告による目標管理と勤務評価を柱とする「教職員の育成・評価システム」が実施されている。各学校において，育成・評価システムの目的についての理解が次第に深まるとともに，実施に当たって工夫等も進められている。なお，職種によって職務分類が異なっており，例えば，教諭の職務分類は「教科等の指導」「教科等以外の指導」「校務分掌」の三つであり，管理職の職務分類は「学校経営・学校管理」「教職員人事管理」の二つである。

　自己申告による目標管理の長所としては，①自己目標と学校経営目標とのベクトル合わせにより学校経営の参画意識が高まること，②教職員自身が自己目標の達成状況を自己管理し，計画（Plan），実施（Do），評価（Check），改善（Action）のマネジメントサイクルを回すことで資質能力の向上が図られること，②自己目標シート

を互いに共有することで，教職員間のコミュニケーションが推進され学び合いが行われることである。
　ここでは，目標管理を学校経営や人材育成に活かすための留意点について述べる。

（1）教職員の学校経営への参画意識

　年度当初に教職員に対して学校経営目標を提示するとともに，人事評価制度の目的と方法，特に目標管理の進め方について説明することが大切である。
　まず，学校経営目標と個人やグループの目標とのベクトル合わせをすることが重要である。このことにより，目標管理における個人やグループでの取組は学校経営目標の実現に向けたものになること，すなわち，全教職員が学校経営に参画することを確認するのである。もちろん，第4章において述べたが，学校経営目標の項目の観点から学級経営案を作成し実践することも学校経営に参画することにつながる。これらのことを教職員に十分に説明し理解を得ることが大切である。
　次に，自己目標シートの作成上の留意点として，次の4点について教職員に確認しておく必要がある。その際には，都道府県（政令市）が作成する人事評価制度の実施マニュアルを使用することが大切である。1点目は，学校経営目標と個人やグループの目標とのベクトル合わせをした上で，「何を」「どのレベルまで」「どのような方法で」「いつまでに」行うかを明らかにすることである。2点目は，個人やグループの目標を設定する際には，適切な難度にするこ

とである。3点目は，個人やグループの目標を可能な限り数値目標で表すとともに，目標の達成に向けた手立てを複数用意し，その手立てについても可能な限り数値化することである。数値化することで，自分自身で達成できたかどうかを振り返りやすくなる。4点目は，最終面談で使用する自己目標シート（最終期）では，自己目標に対して1年間の取組がどうであったかという成果と課題，今後の方向についても示すことである。自己目標シートの記入欄が小さいので，すべてを記入することは難しいが，少なくとも項目だけでも示しておくことが望ましい。

(2) 目標シートの共有化

第5章において述べたが，作成した自己目標シートのデータは，共通フォルダに入れて互いに閲覧することができるようにする。年度当初，中間期，最終期における全教職員の自己目標シートを共用財産とするのである。当然，校長や副校長，教頭も自己目標シートのデータを共通フォルダに入れ，教職員が閲覧できるようにする。管理職が「学校経営・学校管理」「教職員人事管理」の職務分類において何を目標に掲げているかを教職員に知ってもらうことの意義は大きい。

なお，当初面談や中間面談を通して，教職員が目標や手立てを変更する場合がある。また，自己目標シートを大幅に書き直す場合もある。いずれにしても，変更した場合には，必ず変更後の自己目標シートのデータを共通フォルダに入れるのである。

こうした取組により，道具的サポートの機能が働き，教職員間に

おけるコミュニケーションが一層推進されて学び合いが行われる。そして，若手の教職員の育成や同僚性の向上につながる。

(3) 役割分担による面談の実施

　面談を行う際には，事前に校長と副校長，教頭が役割分担をしっかりと行うことが大切である。例えば，副校長は司会を行うとともに，副校長，教頭は自己目標シート作成上の留意点の4点が踏まえられているかどうか，また，達成目標に対する手立てが適切であるかどうかを述べるようにする。校長は副校長，教頭が触れなかった自己目標シートに関することのほか，その教職員の日頃の頑張りに対するねぎらいと感謝，分掌等において期待すること等を述べるようにすることが考えられる。

　ところで，私は昔から言われている人材育成の仕方である「七つ褒めて三つ叱る」を基本にしている。しかし，実際には，「八つ褒めて二つ叱る」になることが多い。また，「やって見せ　言って聞かせてさせてみて　褒めてやらねば人は動かじ」の率先垂範，助言，称揚を心掛けるように努めている。

　さて，すべての教職員の自己目標シートは事前に読んで面談に臨むのであるが，自己目標シートの内容等によっては事前に校長と副校長，教頭が意見調整を行うことがある。要は，面談に関しては十分に準備して臨むこと，出たとこ勝負をしないことである。一人20分程度の面談を有意義なものにしようとする管理職の姿勢が重要なのである。ただし，面談の雰囲気は柔らかく温かいものにしたい。また，1日に数人の教職員の面談を行うことになるが，その日の面

談が終了した後，短時間であっても校長と副校長，教頭が一緒に振り返りを行い，感想や評価観等の交流，面談における課題等を確認することが大切である。

（4）グループによる面談の活用

　当初面談においては，通常は個人面談を行う場合が多い。その方が，目標設定という重要な場面で管理職が教職員一人ひとりに対して丁寧に助言等を行うことができるからである。

　しかし，当初面談や中間面談でグループによる面談を行うことは可能である。例えば，学年ごとのグループによる面談を行うことも可能である。学年ごとのグループ面談を行うことで，互いの目標や取組状況を知る機会となる。自己目標シートを校内で共用してはいるものの，他の教職員の自己目標シートを十分に見ているとは限らない。そこで，例えば，学年ごとのグループによる面談を行い，それぞれの自己目標シートを全員に配布することで，少なくとも学年団における情報の共有ができ，互いによい刺激や励みとなるのである。また，グループによる面談を行う場合には，管理職が個々の教職員に対して助言等を行うのではなく，手立て等について困っている教職員がいれば，そのことをテーマにして話し合いを行うのである。まさに，教職員による協同学習の実践である。

　また，例えば，職務分類の「教科等の指導」においてグループによる共通の目標を設定している場合にも，当初面談や中間面談ではグループによる面談を行うことは可能である。この場合，職務分類の「教科等以外の指導」，「校務分掌」については，グループのメン

バーはそれぞれの個人目標となっている。そのため，グループによる面談を行うことで，共通の目標についてはより具体的な情報交換が行われ新たな気付きが生まれるとともに，共通でない部分については新鮮な気持ちで情報交換が行われ学び合いができる。

　近年，勤務評価（人事評価）が処遇に反映されることになったからといって，常に個人面談だけを行わなければならないという訳ではない。グループによる面談を通して，教職員の学び合いを観察することができる。そして，個人面談とは違った観点から教職員一人ひとりのよさを知ることができる。したがって，場合によってはグループによる面談を活用すべきである。グループによる面談では，管理職は学校経営目標とグループによる共通目標との関連性を確認したり，グループで話し合ったことについての感想等を述べたり，自己目標シートの記述内容に関することを述べたり，日頃の頑張りへのねぎらいと感謝等を述べたりすることが考えられる。

（5）自己目標を授業観察の視点として活用

　校長は日頃の授業観察を行う場合，「授業力アップ振り返りシート」だけでなく，教職員の自己目標シートに示されている目標や手立てを観点として授業観察を行うことが大切である。教職員の自己目標のすべてを覚えることはできなくても，可能な限り記憶しておきたい。どうしても覚えられなければ，例えば，その日に10人の教職員の授業観察を行うのであれば，事前に該当の10人の自己目標シートを見て確認すればよい。

　校長は短時間であっても，日々，教職員の授業観察を行ってい

表17 自己目標シート（教諭）

【教諭】

平成〇〇年度　自己目標シート　C小学校　氏名

教科等の指導（担当学年・教科目名）	週授業時間	教科等以外の指導（担当学級等）	校務分掌等
第1学年	27時間	1年A組	国語　協同学習

職務分類	当初目標	具体的な手立て	達成状況及び年度末への課題
教科等の指導 Ⅰ	（目標項目） 入門期における基礎的な学力の定着を図る。 （達成された姿・達成状況） ・入学当初に行ったテストでは3人の児童ができなかった読むことができなかった、スキルやドリルの算数得点をつかみ正答を出す児童は半数足らずである。 ・10までの具体物に数えられない児童が一人いる。 ・9割以上の児童が、50音の足し引き算を習得する（テストで90点以上）ことができる。	①国語科と算数科では、毎時間ペアで話し合う時間を取り入れ、全員が学習課題に取り組むようにする。 ②ICT機器を上手に活用して情報の共有化を図り、分かりやすい授業を行う。 ③学級便りや学級懇談で家庭の協力を求めたり、がんばりカードを工夫したりすることで、意欲的に家庭学習に取り組めるようにする。	（中間期の状況と年度末への課題） ①毎時間のペア学習はほぼ達成できた。後期はSELで獲得した力をペア学習で生かしていく。 ②学習の跡をどう残すかが課題、タブレットで保存したものを掲示することと、ノート指導を徹底して行う。 ③学習進度と家庭の協力が得られているか計画する。週学習を立てる際に何をお願いするかを計画する。 （年度末の達成状況と次年度への課題） ①毎時間ペア学習を取り入れることで、全員が自分の考えを相手に伝えることができるようになった。SELで学んだ話型を使って、質問が感想を返す児童も増えた。 ②国語科・算数科ともにICT活用が児童の理解が深まり算数以降、特に算数されが2学期以降、特に算数が楽しい教科となる児童が増えた。 ③国語通信漢字を伝えることで、家庭でも練習する児童が見られた。計算カードのマラソンカードを活かして計算力がアップする。 ・国語得意は2人、3月中に一つにする。 ※ICTの受け身だけでなく、児童も発表できる学習の場を増やし、表現意欲や説明する力を高めたい。

自己評価	Ⓐ　B　C

	(目標項目)(達成された姿・達成状況)(現　状)		(中間期の状況と年度末への課題)(年度末の達成状況と次年度への課題)	自己評価
Ⅱ 教科等以外の指導	(目標項目) 学校が楽しいと思える児童を育てて (達成された姿・達成状況) どもアンケートで9割以上が「ともだちとなかよくしている」と答える。 (現　状) ・1〜2名が母親と泣きながら登校している。 ・10名程度が朝自分からあいさつしている。 ・休み時間は全員が外に出て遊んでいるが、個々で遊んでいる子がいる。	① 毎月第一週はあいさつ週間として、朝のあいさつの意識付けを図る。 ② 登校渋りがある児童を中心に、一人一人の児童に毎日声をかけ、信頼関係を築くようにする。 ③ 児童のがんばりやさしさを学級通信（1週間に1回以上）や連絡帳などで伝え、おうちの方にも安心・信頼感を持ってもらえるようにする。	(中間期の状況と年度末への課題) ① 挨拶が苦手として、朝の挨拶活動は効果的だった。3人挨拶できない児童がいる。挨拶週間に全体を盛り上げて全員挨拶ができるようにする。 ② 4名が登校を渋る傾向がある。週に1回は一緒に遊び友達との関わりを広げていく。 ③ 登校渋りの児童の保護者から相談を受けた後、その後の経過を必ず電話で聞く。 (年度末の達成状況と次年度への課題) ① 挨拶カードを活用して挨拶できるようになった。 ② 日常的な声かけを意識することで、登校渋りはゼロになった。 ③ 毎週学級通信を出して、必要に応じて電話や連絡帳を活用して家庭と連携行動を取ることで、保護者と良好な関係を築くことができた。今後も一人一人の会に不安をあおらないで、こちらから連携を求めたりして家庭との信頼関係を深めたい。	A B C Ⓐ B C
Ⅲ 校務分掌等	(目標項目) 協同学習1日30分以上実施を促す。(達成された姿・達成状況) 職員アンケートで「協同学習に進んで取り組んでいる」と答える教員が75％以上。 (現　状) ・昨年度のアンケートでは25％の教員が「進んで取り組んでいる」と答えた。 ・昨年度、協同学習一日30分以上をクリアしていないクラスが7クラスあった。	① 協同学習実施記録を毎月集めて状況を図る。 ② 1学期に1回以上実施して実践を促す。 ③ 協同学習に関する研修に参加し、職員に報告する。	(中間期の状況と年度末への課題) ① 達成できていないで、担当には、状況を聞きアドバイスをする。 ② 10月中に、2回目の実施例を示す。 ③ 夏休みの研修内容を、研修便りで報告する。 (年度末の達成状況と次年度への課題) ① 強化月間を設けることで、職員の協同学習への意欲が高まり、全クラス30分以上の協同学習を達成することができた。 ② 校内での協同学習実践例を紹介することで、より実践の意欲を喚起することに努めた。 ③ 研修内容を報告することで、協同学習に関連して学校内で取り入れることとして、学力向上を含め、来年度の課題としたい。 ※研究授業を参観することで、職員の学び合いの視点として、協同学習と学力向上につなげていきたい。 ※児童のとの関連も意識した授業づくりの促進を図りたい。	A Ⓑ C

表18 自己目標シート（校長）

【校長】

平成〇〇年度　自己目標シート　C小学校　氏名

職務分類	当初目標	具体的な手立て	達成状況と年度末への課題	自己評価
学校経営・学校管理Ⅰ	(目標項目) 児童のあいさつやいたわりの気持ちが表れた言動を生活の中で実践することができる。 (達成されたい姿・達成状況) あいさつや思いやりの気持ちを生活の中で実践することが気持ちよくできる。学校評価の外部アンケートにおいて、「あいさつ」と「思いやり」に関する児童や保護者による肯定的な回答が80％以上である。	① 毎月、職員会議で、目指す児童像を含めた学校経営方針について教職員に確認し、意識して教育活動に取り組むようにする。 ② 週2回以上、登校時のあいさつ運動をする。 ③ 学期う2回以上、「あいさつ」と「思いやり」について、全校児童に話をする。 ④ 学期1回以上、児童会による「あいさつ運動」を行うようにする。 ⑤ 年3回以上、「あいさつ」や「思いやり」の心について、各学級で道徳や特活の時間に、授業を行うようにする。	(中間期の達成状況と年度末への課題) ① 毎月、職員会議で学校経営方針を確認している。 ② 週2回以上、あいさつ運動を行っているが、時々、PTA副会長も一緒に行ってくださっている。 ③ 1学期、「あいさつ」「思いやり」について全校児童に4回話している。 ④ 生活委員会が中心となり、1学期に3回ほどあいさつ運動を行っている。 ⑤ 1学期に、「あいさつ」「思いやり」の心について1回以上授業を行っている。 (年度末の状況及び次年度への課題) ① 全教職員が合同であいさつ運動を実施している。 ②③⑤ 計画委員会、生活委員会、PTAと連動を行い、あいさつが校内に響くようになっている。 ④ 思いやり：児童90％、保護者83％ ※あいさつ：児童92％、保護者93％ ※地域におけるあいさつ運動を充実させる必要がある。	Ⓐ B C
学校経営・学校管理Ⅰ	(目標項目) 地域に開かれた学校づくりを進める。 (達成されたい姿・達成状況) 学校経営方針等の情報を積極的に発信するとともに、地域の人材を活用した教育活動を行う。学校評価の外部アンケートにおいて、「開かれた学校づくり」に関する肯定的な回答が80％以上である。	① 月2回以上、「校長室だより」を発行し、学校経営等について情報を発信する。 ② 学期20回以上、またはホームページを年2回以上新するようにする。 ③ 年1回以上学校公開を行うようにする。 ④ 活用した学習活動を行うようにする。 ⑤ 中学生と3日以上、大学生と100日以上交流する	(中間期の達成状況と年度末への課題) ① 月2回以上、校長室だよりをより発行している。 ② 内容について保護者の反応がある。学校公開を1回、ホームページの更新を44回行っている。 ③ 1学期、2年、3年、6年で実施している。 ④ 1学期、他の学校公開を2学期に行っている。 ⑤ 1学期、大学生と5日、高校生と2日、中学生と24日交流している。 ※1学期、環境ボランティアによる活動を1回実施している。	

80

	現状・目標項目	方策	自己評価
II 学校管理	（現状）各種の便りの発行、ホームページの更新、学校公開はかなりできている。しかし、地域の人材活用は十分ではない。	⑤ 機会をもつようにする。環境ボランティアによる活動を軌道に乗るようにする。	（年度末の達成状況と次年度への課題） ① 実施している。 ② 学校公開を42回。ホームページの更新を83回行っている。 ④ 中学生と9日、高校生と2日、大学生と55日交流している。 ⑤ 環境ボランティアによる学習支援も実施している。 ※開かれた学校づくり：保護者87% ※学習支援ボランティア、環境ボランティアを一層活用する必要がある。 自己評価　A　Ⓑ　C
III 教職員人事管理	（目標項目）協同学習とICT機器の活用、教員の資質による授業改善に努め、授業の質の向上を図る。 （達成された姿・達成状況） ICT機器の活用を取り入れた授業実践を各学年で公開授業を年1回以上行う。 学校評価の外部アンケートにおいて「分かる授業」に関する児童や保護者の肯定的な回答が80%以上である。 （現状）SELビアサポートは年間計画に基づいて実施している。協同学習を1日に30分以上取り入れて授業を実践していきたいと考えている。また、ICT機器の活用による授業の取組にはICT機器の活用も教員間も差がある。	① 週3回以上、授業観察を行い、必要な事項について指導助言を行うようにする。 ② 低・中・高学年の部会を中心に授業改善に関する校内研修会を行うようにする。 ③ 一人1回以上、指導案研究授業を進める。 ④ 学年部の公開授業では、原則として、学年部の教員全員が参加し、全体で研究協議を行うようにする。 ⑤ 授業に2回以上、小・中学校教員のTTによる授業を行うようにする。	（中間期の状況と年度末への課題） ① 週3回以上、授業参観を実施している。 ② 授業改善に関する研修会を2回実施している。 ③ 1年、3年、5年で実施済み。2学期に2年、4年、6年は実施。 ④ 毎回、指導案検討、研究協議を全員で行っている。 ⑤ 1学期に、中学校教員の乗り入れ授業を1回実施している。2学期に、小・中学校教員のTTに関する研修会を1回実施している。 （年度末の達成状況と次年度への課題） ① 実施し、気付いたこと等を伝えている。 ② 実施、授業改善に関する研修会を5回、リア教育に関する研修会を1回実施している。 ③ ④ 実施している。 ⑤ 実施。児童にも中学校教員にも好評であった。授業は、授業のTTについて、小・中学校教員のTTを明確にするなど改善が必要である。 ※全国学力調査のB問題などが85%、児童の90%、保護者が必要と感じる授業：朝学習、個別指導等に改善が見られる。 今後、全国学力調査のB問題等に改善が見られる。今後、個別指導、個別の事項の定着を一層図る必要がある。基礎的事項を一層充実させる。 自己評価　Ⓐ　B　C

第9章　目標管理を活かす

る。その際，自己目標との関連を視点にして授業や子どもの様子を見るのである。授業観察の後で教職員に簡単なフィードバックをするとき，自己目標との関連からコメントをすることで，教職員の聞く姿勢が変わってくる。教職員自身がよりよくしたいと思って取り組んでいることについてコメントすることは，育成の面から意義がある。時には議論になることもある。もちろん，感情的になってはいけないが，冷静に議論ができたことは確実な前進である。こうした取組を積み重ねることで，校長と教職員との人間関係づくりができるとともに，個人面談における教職員に対する助言等も特別なものとしてではなく，日常行っている授業観察後のフィードバックの延長線上のこととして受け止めるようになる。

　なお，授業観察を行って気付いたこと等は，可能な限り早く教職員にフィードバックすることが大切である。フィードバックをしないで記録だけを残し，個人面談において「あの時，こうでしたね」と話しても，教職員の理解は得られない。むしろ，教職員は「なぜ，その時に話してくれなかったのか」といった不満や不信感をもつことになりかねない。授業観察を通して記録を残すのであれば，授業における工夫や児童生徒の様子，授業後に教職員にフィードバックした内容と教職員とのやりとりを記録するのである。こうした記録をもとに個人面談で，例えば，「何月何日の授業では，○○の工夫をされていて，子どもの反応は○○でしたね。また，授業後に先生と○○の工夫について意見交換をしましたね。その後，何度か授業観察をしました。先生が○○の工夫を改善することで，子どもが考えなどを聞き手に分かるように伝えるようになってきていますね」

などのように話すのである。教職員は自分の取組を理解し，温かく見守ったり助言等をしたりする管理職に対して信頼を深めることにつながる。

第10章　学校評価を学校改善に活かす

　学校評価の目的について，文部科学省の「学校評価ガイドライン（改訂版）」に次のように示されている。

---
① 　各学校が，自らの教育活動その他の学校運営について，目指すべき目標を設定し，その達成状況や達成に向けた取組の適切さ等について評価することにより，学校として組織的・継続的な改善を図る。
② 　各学校が，自己評価及び保護者など学校関係者等による評価の実施とその結果の公表・説明により，適切に説明責任を果たすとともに，保護者，地域住民等から理解と参画を得て，学校・家庭・地域の連携協力による学校づくりを進める。
③ 　各学校の設置者等が，学校評価の結果に応じて，学校に対する支援や条件整備等の改善措置を講じることにより，一定水準の教育の質を保証し，その向上を図る。

　以上の三つの目的から学校評価を実施するのであるが，基本的には児童生徒によりよい教育を提供するために学校運営の評価と改善を行うものである。そのため，目指すべき目標として学校経営目標を設定し，その達成に向けた取組の適切さ等を自己評価すること，すなわち計画（Plan），実施（Do），評価（Check），改善（Action）のマネジメントサイクルを回すことを組織的・継続的に行うのであ

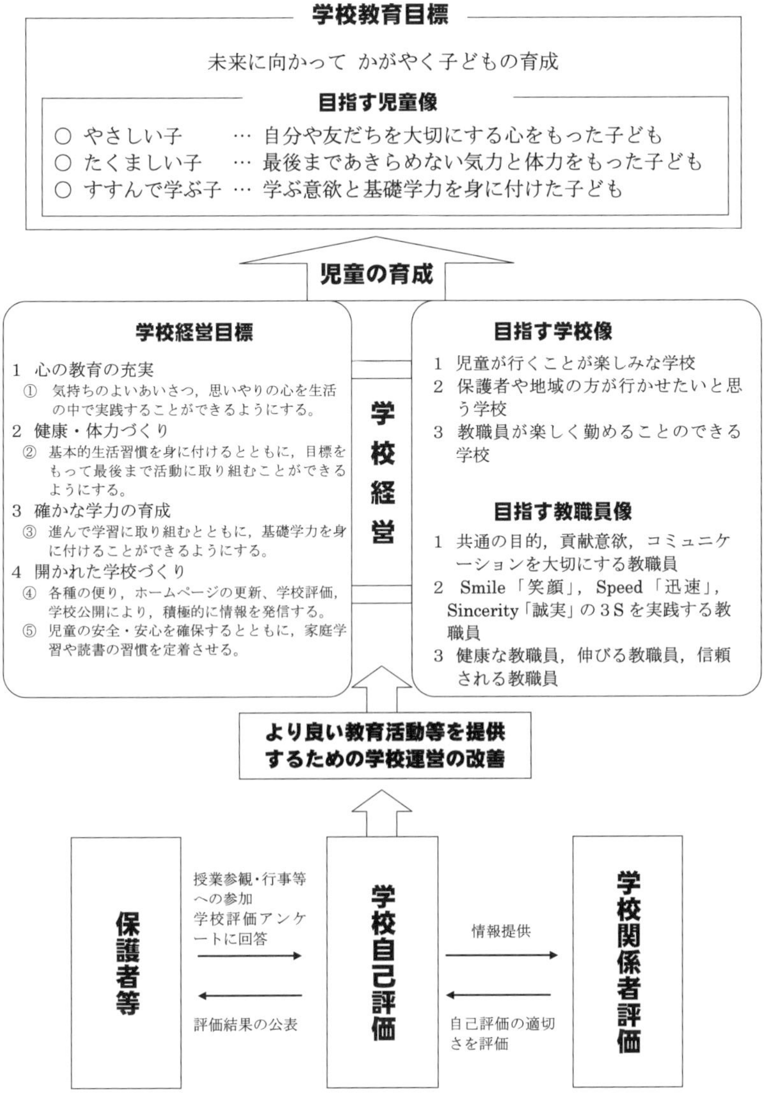

学校教育目標

未来に向かって かがやく子どもの育成

目指す児童像

○ やさしい子　… 自分や友だちを大切にする心をもった子ども
○ たくましい子　… 最後まであきらめない気力と体力をもった子ども
○ すすんで学ぶ子 … 学ぶ意欲と基礎学力を身に付けた子ども

↑ 児童の育成

学校経営目標

1　心の教育の充実
　① 気持ちのよいあいさつ，思いやりの心を生活の中で実践することができるようにする。
2　健康・体力づくり
　② 基本的生活習慣を身に付けるとともに，目標をもって最後まで活動に取り組むことができるようにする。
3　確かな学力の育成
　③ 進んで学習に取り組むとともに，基礎学力を身に付けることができるようにする。
4　開かれた学校づくり
　④ 各種の便り，ホームページの更新，学校評価，学校公開により，積極的に情報を発信する。
　⑤ 児童の安全・安心を確保するとともに，家庭学習や読書の習慣を定着させる。

学校経営

目指す学校像

1　児童が行くことが楽しみな学校
2　保護者や地域の方が行かせたいと思う学校
3　教職員が楽しく勤めることのできる学校

目指す教職員像

1　共通の目的，貢献意欲，コミュニケーションを大切にする教職員
2　Smile「笑顔」，Speed「迅速」，Sincerity「誠実」の3Sを実践する教職員
3　健康な教職員，伸びる教職員，信頼される教職員

↑ より良い教育活動等を提供するための学校運営の改善

保護者等 ← 授業参観・行事等への参加／学校評価アンケートに回答 ← 学校自己評価 ← 情報提供／自己評価の適切さを評価 ← 学校関係者評価
評価結果の公表

図5　学校経営と学校評価の関係

る。また，自己評価の結果と改善策については学校関係者評価を行い，自己評価の結果等と学校関係者評価の結果の両方を保護者や地域の人に公表することを通して，学校の説明責任を果たすとともに，学校運営の改善に向けて理解と協力を得るのである。そのため，学校評価，特に学校関係者評価は学校と保護者や地域の人とのコミュニケーション・ツールとして活用できる。なお，学校教育法第66条に規定されている自己評価の実施は義務であるが，同法第67条に規定されている学校関係者評価の実施は努力義務となっている。P市では，学校評価として自己評価と学校関係者評価の両方を実施している。

　全教職員が学校経営目標の達成に向けてベクトル合わせをして教育活動に取り組むとともに，組織的・継続的に自らの取組を評価・改善する営みを通して，学校の内部においては教職員の資質の向上や一体感，結束力，組織的に取り組むチーム力などの学校力が育成される。学校の外部においては，学校の教育活動等に対して理解と協力を得るとともに，保護者や地域の人を巻き込んだ教育活動等を展開し，信頼される開かれた学校づくりをすることにつながる。

　こうした学校評価の目的や意義を踏まえて実践することが大切であり，評価のための評価になってはいけない。学校評価にどのように取り組むかは，学校経営上の大きな課題である。校長の知識・見識・胆識，リーダーシップにかかっている。

(1) 自己評価を進める上でのポイント

　自己評価が学校評価の基本である。自己評価は校内学校評価委員

会等の校内組織を活かし，全教職員の共通理解と参画のもとに行うことが大切である。

① 重点目標，評価基準，達成基準の設定

　学校経営目標（重点目標）を明確にし，その目標を達成するための具体的計画（評価項目）や評価指標（達成基準）を設定する。学校経営目標は短期から中期を視野に入れた重点目標であり，学校が取組を児童生徒や保護者，地域の人に公約するものである。

　評価項目の設定に当たっては，網羅的にならないよう，具体的な取組を中心に重点化を図る。

　評価指標の設定に当たっては，目標の達成状況を把握するための指標（成果指標）と達成へ向けた取組状況を把握するための指標（取組指標）とを適宜，組み合わせる。また，評価項目によっては，客観的な数値目標を取り入れるようにする。

② 校内推進体制と学校評価スケジュール

　学校評価を推進する上で，中心となる学校評価担当者を位置付ける。例えば，主幹教諭，指導教諭，教務主任，事務職員等をもって充てる。次に，校内学校評価委員会を設置する。この委員会は，例えば，校長，副校長，教頭，主幹教諭，指導教諭，教務主任，学校評価担当者，学年主任，生徒指導主事，保健主事，特別支援教育コーディネーター，養護教諭等で構成する。校内推進体制を整えた後，学校評価担当者を中心にして，見通しをもって学校評価を進めるための学校評価スケジュール案を立てる。このスケジュール案は，校内学校評価委員会での検討を経て，最終的には全教職員の共通理解を図ることが大切である。

③　教育活動の実施

　重点目標の達成を目指し，全教職員で具体的な取組を進める。日常の教育活動で課題が見つかった場合は，評価の実施時期にとらわれず改善に取り組む。参観日，学校行事等の教育活動は，保護者だけでなく，地域住民に対しても積極的に公開する。また，校長室だより（学校だより）をはじめ各種の通信，ホームページにより，学校の教育活動に関する情報発信を積極的に行う。

　なお，学校運営に関する様々な情報や資料を，学校評価担当者が中心となって継続的に収集・整理する。データとしては，学力調査，体力調査，問題行動等の発生状況，図書の貸出冊数，校内研究や校内研修の実施状況，外部人材の活用状況，地域との連携状況，校内外の会議等での意見等がある。アンケートとしては，参観日等における保護者等へのアンケート，生活や行事等に関する児童アンケート等がある。

④　中間アンケートと中間評価の実施

　中間アンケートを実施するとともに，学校評価担当者，校内学校評価委員会の組織を活かし，全教職員が参加して中間評価を行う。中間アンケートの結果とともに，継続的に収集してきたデータ等を基にして，重点項目や評価項目の達成状況を評価する。その際，学校評価担当者だけでなく，校務分掌等の担当グループごとに検討することも考えられる。検討した事項は，校内学校評価委員会でさらに検討し，最終的には全教職員で共通理解を図ることが大切である。

　学校の教育活動の成果は，学校の取組だけでなく，児童生徒や地域の状況にも影響される。数値的には重点目標等が未達成であって

も，学校の取組が不十分であるとはいえない場合がある。

　また，客観的に状況を把握する上で，数値的にとらえて評価を行うことは大切であるが，数値だけでは評価できないものがある。中間アンケートの結果や各種のデータ等によるだけでなく，教職員の確かな手応えを基にして評価することが重要である。

⑤　**重点目標等の見直しと改善策の実施**

　校内学校評価委員会，校務分掌の担当グループが中心となって，中間評価の結果を踏まえ，重点目標，評価項目，評価指標の見直し行う。また，課題の残った重点目標については具体的な改善策を検討する。検討した事項は，最終的には全教職員の共通理解を図ることが大切である。そして，具体的な改善策について，全教職員で教育活動において取り組む。

　なお，中間評価の結果及び具体的な改善策，外部アンケート結果等については，学校関係者評価委員会で説明するとともに，校長室だより（学校だより），ホームページ等を通して保護者等に公表する。

⑥　**最終アンケートの実施と自己評価**

　最終アンケートを実施するとともに，学校評価担当者，校内学校評価委員会の組織を活かし，全教職員が参加して自己評価を行う。具体的には，最終アンケート結果や継続的に収集してきたデータ等を基にして，重点目標や評価項目の達成状況を評価する。また，重点目標，評価項目の見直しや，今後の改善策についての検討も行う。検討した事項は，最終的には全教職員で共通理解を図ることが大切である。

表19　学校評価スケジュール

平成〇〇年度　C小学校　学校評価スケジュール

	児童	保護者	教職員	学校関係者評価委員
4月	始業式・入学式 参観日 家庭訪問	入学式 参観日・学級懇談 ＰＴＡ総会 家庭訪問	学校経営計画の決定 学校経営目標・具体的計画（評価項目）の公表	学校関係者評価委員決定
5月	春の遠足 海の学習（5年） 避難訓練、交通教室	参観日・教育講演会	第1回学校評価委員会 学校評価スケジュールの作成	教育委員会からの委嘱 授業参観 **第1回学校関係者評価委員会**
6月	プール開き ピア・サポート集会 B中ピア・サポート	参観日・学級懇談・地区懇談会	第2回学校評価委員会 アンケート項目の決定	授業参観
7月	地区児童会、水泳記録会	個人懇談	第3回学校評価委員会 アンケートの集計・結果の分析、改善方策の検討	7月
	7月 中間 児童 アンケート	**7月 中間 保護者 アンケート**	**7月 中間 教職員 アンケート**	
9月			改善方策の実践	授業参観 **第2回学校関係者評価委員会** 中間アンケート結果と改善方策等についての評価

児童	保護者	教職員	学校関係者評価委員会
10月 運動会／学童陸上記録会／秋の遠足／修学旅行（6年）／なかよし運動会	10月 運動会／学童陸上記録会／なかよし運動会	10月 改善方策の実践	10月 授業参観
11月 音楽発表会（4年）／避難訓練、全校集会／参観日・ふれあいの日	11月 参観日・ふれあいの日	11月 改善方策の実践	11月 授業参観
11月 最終児童アンケート	11月 最終保護者アンケート	11月 最終教職員アンケート	
12月	12月 個人懇談	12月 第4回学校評価委員会 アンケートの集計・結果の分析	12月
1月 学習発表会／避難訓練	1月 学習発表会	1月 自己評価・次年度に向けた改善方策のまとめ	1月 授業参観 第3回学校関係者評価委員会 最終アンケート結果と改善方策等についての評価
2月 参観日／B中ピア・サポート	2月 参観日・学級懇談	2月 第5回学校評価委員会 学校評価書の作成	2月 教職員への学校関係者評価結果の説明
3月 6年生を送る会／卒業式、修了式	3月 卒業式	3月 学校評価結果の公表	3月 学校評価の公表

学校評価書を教育委員会へ提出

表20　学校評価アンケート（児童用）

学校評価アンケート（児童用）

学年 ☐　組 ☐

いまのようすにあてはまるばんごうをぬりつぶしましょう。

①そうおもう。　②だいたいそうおもう。　③あまりそうおもわない。　④そうおもわない。

1	であったひとに，きもちのよいあいさつをしている。	① ② ③ ④
2	ともだちに，いつもやさしくしている。	① ② ③ ④
3	はやねにこころがけ，じゅうぶんにねている。	① ② ③ ④
4	がっこうのぎょうじやかつどうを，さいごまでがんばっておこなっている。	① ② ③ ④
5	じゅぎょうちゅうは，じぶんからすすんで，べんきょうにとりくんでいる。	① ② ③ ④
6	じゅぎょうは，わかりやすい。	① ② ③ ④
7	しゅくだいを，まいにちきちんとしている。	① ② ③ ④
8	いえで，どくしょをしている。	① ② ③ ④

※　がっこうせいかつを，もっとたのしくするためには，どんなことをしたらよいとおもいますか。

表21　学校評価アンケート（保護者用）

学校評価アンケート（保護者用）

学年 ☐

該当する番号のマークをぬりつぶしてください。上記の学年は，お子様の学年をお書きください。
なお，④をぬりつぶされた方は，その理由を自由記述欄にお書きください。

①そう思う。　②だいたいそう思う。　③あまりそう思わない。　④そう思わない。

1	お子様は，気持ちのよいあいさつができている。	① ② ③ ④
2	お子様は，思いやりをもって生活できている。	① ② ③ ④
3	お子様は，早寝の習慣が身につき，睡眠を十分にとっている。	① ② ③ ④
4	お子様は，学校行事に，目標をもち最期まで頑張って取り組んでいると思う。	① ② ③ ④
5	お子様は，学校で進んで学習に取り組んでいると思う。	① ② ③ ④
6	お子様は，授業が分かりやすいと言っている。	① ② ③ ④
7	お子様は，宿題をきちんとしている。	① ② ③ ④
8	お子様は，家庭で読書をしている。	① ② ③ ④
9	学校は，積極的に情報発信を行っている。	① ② ③ ④
10	学校は，登下校時の安全確保の取組を行っている。	① ② ③ ④

【自由記述欄】

表22 学校評価アンケート（教職員用）

学校評価アンケート（教職員用）

該当する番号のマークをぬりつぶしてください。上記の学年は、お子様の学年をお書きください。なお、④をぬりつぶされた方は、その理由を自由記述欄にお書きください。

①十分達成　②おおむね達成　③やや達成が不十分　④あまりできていない

1	気持ちのよいあいさつができる児童が育ってきた。	① ② ③ ④
2	優しく思いやりをもって生活できる児童が育ってきた。	① ② ③ ④
3	睡眠を重視した早寝の取組など，児童の基本的生活習慣が定着するように努めた。	① ② ③ ④
4	行事などに進んで参加し，目標をもって最期まで取り組む児童が育ってきた。	① ② ③ ④
5	協同学習を取り入れ，進んで学習に取り組む児童が育ってきた。	① ② ③ ④
6	ICT機器を活用するなど，児童に分かりやすい授業づくりに日々取り組んだ。	① ② ③ ④
7	家庭と連携して，家庭学習の定着を図る取組の充実に努めた。	① ② ③ ④
8	児童の読書の習慣が定着するように，家読の取組の充実に努めた。	① ② ③ ④
9	保護者・地域との連携を目指して積極的に情報発信を行った。	① ② ③ ④
10	登下校時の安全確保の取組を日々行った。	① ② ③ ④

【自由記述欄】

---

⑦ 自己評価の結果及び今後の改善方策の取りまとめ

　重点目標，評価項目の達成状況，取組の適切さ等の評価結果や分析に加え，それらを踏まえた今後の改善策を簡潔かつ明瞭に取りまとめる。最終的な取りまとめは，学校評価担当者が中心となって行い，校内学校評価委員会での検討を経て，全体で検討し全教職員の共通理解を図ることが大切である。

　次に，自己評価の結果及び今後の改善策について，学校関係者評価委員会で説明する。学校関係者評価委員会での意見等を踏まえて，再度，自己評価結果及び今後の改善策の見直しを行い，最終的には

C小学校
校長室だより
平成〇〇年二月①

蝋梅の美しいころとなりました。

先日の学習発表会では、保護者の皆様、地域の皆様にはお休みのところ大勢お越しくださり、感謝申し上げます。

また、児童の頑張りに温かい拍手をいただくとともに、児童の成長を一緒に喜んでいただき、誠にありがとうございました。

一 児童朝礼の言葉

今日は、敬愛についてお話をします。

敬愛とは、どんなことなのでしょう。

敬は自分に対しては慎むことです。慎むとは、控えめにすることです。偉そうにしたり、驕り高ぶったりしません。

また、敬は他の人に対しては敬い、尊ぶことです。

愛は親しみ、慈しむことです。愛は自分に対しては自己愛として、他の人に対しては人間愛、人類愛として行うべきことです。

敬愛を分かりやすく言えば、自分を大切にし、他の人を大切にするということです。

今までの自分を振り返って見ましょう。自分自身をかけがえのない存在として大切にしていますか。

自分を大事に育ててくれた、温かく見守ってくれている家族、自分を支えてくれている友達や先生、地域の人など、すべての人に敬愛の心をもって接していますか。

開かれた学校づくりでは、学校からの情報発信や、家庭と連携を図った家庭学習の定着は基準を達成している。また、児童の安全確保についても基準は達成している。

さらに、一人ひとりが敬愛を実践することで、明るい社会をつくることができると思います。

敬愛を日々の生活の中で実践しましょう。

ば、いじめや差別はなくなるはずです。また、自分も他の人も大切にする敬愛を実践すれ互いに助け合い、楽しい学校生活を送ることができるはずです。

二 第三回学校評議員会及び学校関係者評価委員会の開催

先日、半日の日程で開催しました。学校評議委員の皆様に授業参観をしていただき、児童が落ち着いて学習に取り組んでいる様子をご覧いただきました。

次に、学校評議員会を開催し、学校経営目標の実現に向けて具体的にどのような取組を行っているか、学校から説明を行いました。

続いて、学校関係者評価委員会を開催し、自己評価結果と改善策について、学校から説明を行いました。

・心の教育の充実では、あいさつ、思いやりの心の実践は基準を達成している。

・健康・体力づくりでは、睡眠の実践は概ね基準を達成している。行事などに目標をもって最後まで頑張ることは基準を達成して

・確かな学力の向上では、進んで学習に取り組むことや、授業が分かることは基準を達成している。

いる。

読書習慣の定着は基準を下回っている。家読週間と週末の宿題の読書を継続して行うとともに、音読カードに読書の項目を設け、意識の向上を図る必要がある。

今後、学校による自己評価が適切であるかどうか学校関係者評価委員の皆様に評価を行っていただき、自己評価結果と学校関係者評価結果を合わせた学校評価報告書を作成し、三月中旬までに公表する予定である。

三 来年度の行事等の予定

現在、本年度の教育課程の評価等を行い、来年度の行事等の計画を立てています。来年度において、本年度と大きく変わる行事の日程は二つあります。

一つは、運動会を一学期に行います。期日は、五月三〇日（土）を予定しています。

二つ目は、一一月二一日（土）を予定しています。

今後、他の行事等の日程を決定した上で、年間行事予定表を作成し、できるだけ早く保護者の皆様にお知らせいたします。

全教職員で共通理解を図ることが大切である。自己評価の結果及び今後の改善策を，次年度の重点目標等の設定に反映する。

⑧　自己評価と学校関係者評価の結果の設置者への報告と公表

　自己評価結果及び今後の改善策，学校関係者評価結果を学校評価書に取りまとめ，設置者に提出する。その際には，学校評価書別紙，外部アンケートの結果等の資料を添付する。また，それらを校長室だより（学校だより），ホームページ等により保護者等に公表する。なお，学校評価結果説明会を開催し，保護者等に直接説明する機会をもつことも有効な方法である。

（2）学校関係者評価を行う上でのポイント

　学校関係者評価は学校が行う自己評価及び改善策について評価することが基本である。学校関係者評価の取組を通して，学校と学校関係者評価委員とのコミュニケーションが深まり，学校のよき応援団としてその努力を広く伝えることが望まれる。

①　学校関係者評価委員会の設置

　各学校における学校関係者評価委員会設置要領等に基づいて学校関係者評価委員会を設置する。P市では，学校関係者評価委員会設置要綱，学校評議員設置要綱の規定があり，これに基づいて，学校関係者評価委員会を組織している。学校関係者評価委員会を設置する際には，児童生徒の保護者が学校評価とそれを通じた学校運営の改善に参画することが重要であることから，学校に在籍する児童生徒の保護者を評価者に加えることを基本とする。

　C小学校では，学校評議員をもって学校関係者評価委員に充てて

いる。学校評議員，学校関係者評価委員は保護者のほか，主任児童委員，地域住民，専門的知識等を有する大学教員等の有識者で構成している。有識者を加えることで，学校関係者評価と第三者評価の両方の性格を併せもつ学校評価の実施を目指している。有識者を加えることにより，学校は評価項目や評価指標，外部アンケート項目をはじめ，自己評価結果や改善策等の適切さについて専門的な立場から助言等を受けることができる。また，有識者の助言等により，他の学校関係者評価委員が自らの役割を適切に認識するとともに，学校評価に対する理解が深まる。さらに，有識者が学校関係者評価委員の意見等を取りまとめ，学校関係者評価結果に適切に反映することができる。

② 学校関係者評価委員への説明

　第1回学校関係者評価委員会を開催し，教育目標，目指す児童生徒像，学校経営目標，具体的な取組（評価項目），評価指標，学校評価スケジュール等について説明を行う。会議で使用する資料は，事前に学校関係者評価委員に送付しておく。学校関係者評価委員によっては，学校が提示する資料以外の情報についても知りたい場合がある。こうした場合を想定し，会議には様々な資料を用意し閲覧できるようにしておくことも必要である。

　日頃から，学校関係者評価委員には参観日や学校行事等の案内を送付し，可能な限り児童生徒や教育活動の様子を見てもらうようにする。学校関係者評価委員会の当日においても，1時間～2時間程度，学校を公開し，授業参観や施設等の見学を行うことも必要である。

表24　平成○○年度　C小学校　学校評価書

1　自己評価

Ⅰ　評価結果
　　（別紙参照）

Ⅱ　分析・改善方策
　1　心の教育の充実
　　①　道徳教育，人権教育を充実することにより，児童が気持ちのよいあいさつや思いやりのある心を生活の中で実践することができるようにする。
　　・　品格教育のテーマに沿った道徳の授業を毎月行ったり，全クラス参観日で道徳の授業公開をしたりすることにより，道徳教育の充実に努めることができた。
　　・　6月の「いじめについて考える週間」や11月の「校内人権週間」等を中心に「いじめ0　みんな笑顔のC小っ子」を合い言葉に人権学習等に取り組むことができた。
　　・　あいさつについての週目標を毎月設定し，繰り返して指導に取り組んだ。計画委員会や生活委員会のあいさつ運動や家庭でのあいさつチェックの取組なども実施し，地域でもあいさつのできる児童が増えてきている。
　　・　各学年，年間17時間のSEL・ピアサポートを実施した。きょうだい学年や縦割り班での異学年交流の場を度々設けることや同学年サポートの場を意図的に設けることにより，思いやりの心を育むことができた。

　2　健康・体力づくり
　　②　健康教育・特別活動を充実することにより，児童が基本的な生活習慣を身に付けるとともに，目標をもって最後まで活動に取り

組むことができるようにする。
- 　基本的生活習慣を身に付けることができるよう，特に睡眠を取り上げた。年7回「すいみんチェック週間」を設けたり，「成長期における睡眠の大切さについて」という演題でPTA教育講演会を開いたりすることにより，睡眠時間を確保をするように啓発した。保健委員会による紙芝居や睡眠についての授業により児童の意識を高めることができるようにしたが，十分な成果を上げることができていない。アンケートにより早寝早起きについての詳しい実態把握を行い，具体的な対応策を検討していきたい。
- 　運動会や学習発表会等全ての教育活動において，児童の実態に応じた目標をもつことができるようにした。また，全校をあげてチャレンジランキングに挑戦したり，長縄跳びに取り組んだりすることにより，体力作りとともに，クラスの目標に挑戦させることができた。

3　確かな学力の向上
③　協同学習の視点を取り入れた授業改善により，児童が進んで学習に取り組むとともに，基礎学力を身に付けることができるようにする。
- 　協同学習を取り入れた授業改善により，友達と積極的に関わりながら進んで学習に取り組むことができるようになってきている。また，児童が意欲的に学習に取り組むことができるように，ICT機器の活用を図った。全ての教師が研究授業を行い，分かる授業づくりに努め，成果を上げている。「だれもが行きたくなる学校づくり」事業のサテライト研修会や「デジタル教科書活用研修会」でも授業公開を行い，P市全体の研修の場を提供した。
- 　朝学習の時間に「東中ブロックきらめきプリント」等を活用して，基本的な計算や漢字の読み書き等の指導に取り組み，基礎学力が向上した。

4 開かれた学校づくり
　④　各種の便り，ホームページの更新，学校評価，学校公開により，積極的に情報を発信する。
　・　校長室便り，学校便り，学年便り，学級便り，図書便り，保健便り，学校保健委員会便り等をタイムリーに発行するとともに，ホームページの更新に努め，学校からの積極的な情報発信に努めてきた。また，学校行事や学習活動を積極的に公開し，保護者や地域の方の理解と協力を得るように努めることができた。
　⑤　家庭や地域との連携を深めることにより，児童の安全・安心を確保するとともに，家庭学習や読書の習慣を定着させる。
　・　集団登下校を徹底させ，教員による登下校指導をたすきボランティアの方と協力しながら毎日行い，児童の安全・安心を確保することができた。
　・　家庭での読書を習慣づけるため，家読週間を年7回設定し，家庭読書の啓発を図った。家読週間の感想等を学年通信等で知らせたり，週末の宿題に読書を加えたりすることにより，読書習慣の定着を図ったがまだ十分とは言えない。宿題の音読カードに読書の項目を設けることにより，一層の意識付けを図っていきたい。
　・　「家庭学習の手引き」を作成し配布することにより，指導の徹底を図った。1日の家庭学習の時間の目安「学年×10＋10」分が達成できていない児童はいるものの，ほとんどの児童が毎日の宿題はきちんとすることができている。

2　学校関係者評価者名

○○　○○　（有識者）	○○　○○　（PTA会長）
○○　○○　（有識者）	○○　○○　（PTA副会長）
○○　○○　（主任児童委員）	○○　○○　（PTA副会長）
○○　○○　（地域住民）	

3 学校関係者評価

1 心の教育の充実
- 学校内での気持ちのよいあいさつができる児童が増えてきている。気持ちのよいあいさつが地域の中にも広がるよう,学校・家庭・地域が一体となって取り組んでほしい。
- 学校行事に児童が主体的にかかわっていることが,目標をもって最後まで活動する児童の気持ちを支えていると思われる。
- ピア・サポートや異校種間の連携などの取組は,児童の心を支える取組にもなっていると思う。
- 道徳,人権教育は塾や習い事では身に付かない人間にとってもっと必要な感性だと思う。学校・家庭・地域の大人たちが協力して教え,時には見本とならなければいけない。
- あいさつなど,児童にもわかり易いP市全体の品格教育を一層推進してほしい。

2 健康・体力づくり
- 子どもの健康・体力づくりを向上させるための様々な取組に敬意を表する。
- 限られた時間の中での睡眠時間確保の重要性について,様々な角度から周知していく必要がある。
- 熱中症対策とともに,防寒対策や感染症対策にもさらに取り組んでほしい。

3 確かな学力の向上
- 「きらめきプリント」のような研究を重ねた質の高い教材,協同学習,ピア・サポート,ICT機器の活用など,児童の興味・関心を引き出し,仲間とともに学ぼうとする意欲を喚起する様々な工夫や取組に敬意を表する。
- ゲームやスマホの使用状況と学力と関係があると思われる。本来は,親が家庭で子どもに弊害を説いたり,使用のルール作りをした

り，教え指導すべきことだと思うが，21時以降の使用禁止という県のルール遵守など，引き続き，学校と家庭が連携して取り組んでほしい。

4　開かれた学校づくり
・　積極的な情報発信については，数多くの便りの発行やホームページの更新などで十分行われていると思われる。保護者の知りたいことや不安に寄り添った工夫が期待される。
・　保護者・地域の方々のボランティアに加え，中・高・大の生徒・学生さんの協力に感謝したい。

5　設置者等による学校への支援
・　たすきボランティアの増員か，それに代わる人材の確保に取り組んでほしい。PTAでも取り組むが，難しい面が多い。
・　夏の熱中症には，市内各学校で徐々に冷房などの対策が進んでいるが，冬の感染症対策に加温・加湿の器具の配置をお願いしたい。
・　児童の安全を守るため，また学習環境をより良いものにするために，学校の建て替えを推進してほしい。

4　来年度の重点取組（学校評価を踏まえた今後の方向性）

本年度の成果と課題をふまえ，学校経営目標をより高いレベルで実現することを目指して，来年度も同様の学校経営目標を設定する。
1　心の教育の充実
2　健康・体力づくり
3　確かな学力の向上
4　開かれた学校づくり

表25　平成〇〇年度　C小学校　学校評価書（別紙）

学校経営目標	具体的計画	今年度の達成基準	自己評価（今年度 中間）		
			達成状況	評価	改　善　策
1　心の教育の充実	①道徳教育，人権教育を充実することにより，児童が気持ちのよいあいさつや思いやりの心を生活の中で実践することができるようにする。	・気持ちのよいあいさつができているという回答が80％以上である。 （児童，保護者，教職員アンケート）	アンケート結果 ・児　童　91％ ・保護者　77％ ・教職員　83％	B	○月目標に合わせて生徒指導から家庭へ便りを出すと共に，あいさつチェックを実施する。
		・思いやりの心をもって生活しているという回答が80％以上である。 （児童，保護者，教職員アンケート）	アンケート結果 ・児　童　92％ ・保護者　91％ ・教職員　91％	A	○現状通り継続して推進する。
2　健康・体力づくり	②健康教育・特別活動を充実することにより，児童が基本的な生活習慣を身に付けるとともに，目標をもって最後まで活動に取り組むことができるようにする。	・睡眠などの基本的な生活習慣が身に付いているという回答が80％以上である。 （児童，保護者アンケート）	アンケート結果 ・児　童　73％ ・保護者　73％	B	○すいみんチェックを継続して実施する。低学年には保健委員による紙芝居を行う。高学年には，睡眠の大切さについてのプリントを配布し，めあてを記入する。高学年以外でも睡眠の大切さについての授業を行う。
		・行事などに目標をもって最後まで頑張っているという回答が80％以上である。 （児童，保護者，教職員アンケート）	アンケート結果 ・児　童　92％ ・保護者　93％ ・教職員　100％	A	○現状通り継続して推進する。
3　確かな学力の向上	③協同学習を取り入れたりICT機器を活用したりすることにより，児童が進んで学習に取り組むとともに，基礎学力を身に付けることができるようにする。	・進んで学習に取り組んでいるという回答が80％以上である。 （児童，保護者，教職員アンケート）	アンケート結果 ・児　童　85％ ・保護者　85％ ・教職員　100％	A	○現状通り継続して推進する。
		・授業が分かるという回答が80％以上である。 （児童，保護者，教職員アンケート）	アンケート結果 ・児　童　87％ ・保護者　84％ ・教職員　89％	A	○現状通り継続して推進する。
4　開かれた学校づくり	④各種の便り，ホームページの更新，学校評価，学校公開により，積極的に情報を発信する。	・学校から積極的に情報発信が行われているという回答が80％以上である。 （保護者，教職員アンケート）	アンケート結果 ・保護者　89％ ・教職員　91％	A	○現状通り継続して推進する。
	⑤家庭や地域との連携を深めることにより，児童の安全・安心を確保するとともに，家庭学習や読書の習慣を定着させる。	・登下校時の安全確保の取組を行っているという回答が80％以上である。 （保護者，教職員アンケート）	アンケート結果 ・保護者　84％ ・教職員　94％	A	○現状通り継続して推進する。
		・家庭学習を行っているという回答が80％以上である。 （児童，保護者，教職員アンケート）	アンケート結果 ・児　童　91％ ・保護者　91％ ・教職員　94％	A	○家庭学習の手引きを配布し，指導する。
		・家で読書を行っているという回答が80％以上である。 （児童，保護者，教職員アンケート）	アンケート結果 ・児　童　76％ ・保護者　61％ ・教職員　97％	C	○家読週間を継続して実施する。家読週間の感想等を学年通信等で知らせ，啓発を図る。週末の宿題に読書を入れ読書習慣の定着を図る。

（A：達成している　B：概ね達成している　C：あまり達成していない　D：達成していない）

自己評価（今年度　最終）			学校関係者評価
達成状況	評価	改善策	自己評価の適切さ
アンケート結果 ・児　童　90% ・保護者　83% ・教職員100%	A	○現状通り継続して推進する。	・自己評価は適切である。 ・あいさつチェックシートによって保護者の関心を引き付けるなど，保護者の意識啓発に向けた取組を行っている。 ・児童会を中心とする児童自身のあいさつ運動の実施が児童の自己評価を高めていると思われる。 ・地域に出た時も気持ちのよいあいさつができるよう，家庭・学校・地域のさらなる連携協力が必要である。
アンケート結果 ・児　童　93% ・保護者　92% ・教職員100%	A	○現状通り継続して推進する。	・自己評価は適切である。 ・学校・家庭・地域が連携協力しつつ，継続的に児童を見守っていく必要がある。 ・校長先生の集会などでの講話，その抜粋を掲載し具体的な例示もある校長室便りによって，児童だけでなく保護者にも思いやりの心の重要性が伝わったのではないだろうか。
アンケート結果 ・児　童　76% ・保護者　71%	B	○すいみんチェックを継続して実施する。全校児童対象に詳しいアンケートを行い実態を把握する。その結果をもとに，具体的な対応策を検討していく。	・自己評価は適切である。 ・教育講演会やその後の教室での振り返り，すいみんチェックをさらに進めたアンケートなどが浸透してきている。家庭との連携は地道な啓発活動を要するため，今後も継続してほしい。 ・年度始まりは，生活習慣を見直すとても良い機会だと思うので，4月からのスタートを上手く切ってほしい。
アンケート結果 ・児　童　93% ・保護者　94% ・教職員100%	A	○現状通り継続して推進する。	・自己評価は適切である。 ・子どものやる気を引き出す魅力的な行事が多い。
アンケート結果 ・児　童　87% ・保護者　84% ・教職員100%	A	○現状通り継続して推進する。	・自己評価は適切である。 ・児童の達成状況の向上がとてもすばらしい。 ・授業参観の時など，多くのクラスで協同学習が見られた。 ・低学年でもお互いに意見を出しあう姿が見られ，良い効果が出ていることを実感した。
アンケート結果 ・児　童　89% ・保護者　85% ・教職員100%	A	○現状通り継続して推進する。	・自己評価は適切である。 ・児童の達成状況の向上がとてもすばらしい。 ・ICT機器を活用した，分かりやすい授業づくりを進めている。
アンケート結果 ・保護者　87% ・教職員100%	A	○現状通り継続して推進する。	・自己評価は適切である。 ・校長室便り・学校便り・保健便り等の発行，ホームページの頻繁な更新等により，積極的に情報を発信している。さらに，保護者の知りたいこと，不安に寄り添った情報発信の工夫を期待したい。
アンケート結果 ・保護者　87% ・教職員100%	A	○現状通り継続して推進する。	・自己評価は適切である。 ・児童の安全確保を学校に求める保護者の気持ちも分かるが，本来は保護者の役目であり，あくまでも学校はそれをサポートする立場だと思う。保護者自身ができることをしっかり考え，その上で，家庭と学校が協力して登下校時の安全確保を行う工夫が必要だと思う。
アンケート結果 ・児　童　93% ・保護者　92% ・教職員100%	A	○現状通り継続して推進する。	・自己評価は適切である。 ・家庭学習の手引き等の指導を継続しつつ，自主勉強の仕方の指導に力点を置くことも大切ではないだろうか。
アンケート結果 ・児　童　73% ・保護者　58% ・教職員100%	C	○家読週間と週末の宿題の読書を継続して行うとともに，音読カードに読書の項目を設けることにより意識の向上を図る。	・自己評価は適切である。 ・学校で借りた本を家に持ち帰るよう指導することによって，家での読書習慣が身に付きやすいのではないだろうか。 ・音読カードを活用するのは良いアイデアだと思う。

また，学校関係者評価委員の役割は，学校の自己評価の結果及び改善策の適切さを評価することであることを説明し，理解を得ることが大切である。さらに，保護者の視点，地域住民からの視点など，各自の得意の分野から評価することが基本であることや，個人情報等については守秘義務があることについても説明し，理解を得ることが重要である。

　C小学校では，会議が終了した後，学校関係者評価委員は職員終礼に出席し，教職員に自己紹介を行っている。学校関係者評価委員にとっては，教職員の構成や職員室の雰囲気を知る機会となる。教職員にとっては，学校関係者評価委員のメンバーを知り，前向きに学校評価に取り組もうとする意欲が高まる。

③　学校関係者評価の実施

　第2回学校関係者評価委員会では，学校の自己評価（中間評価）の結果と改善策について評価する。会議で使用する資料は，事前に送付しておく。当日は，学校を公開し，授業参観等を行う。その後，会議を行う。会議では，まず，学校側から学校経営目標（重点目標）の達成に向けての取組状況，外部アンケート結果，自己評価（中間期）の結果，改善策について具体的に説明する。次に，学校関係者評価委員からの質問・意見の時間を十分に確保する。会議で出された意見等は，校内学校評価委員会で検討し，改善策等の見直しに反映する。

　第3回学校関係者評価委員会では，自己評価（最終期）の結果と今後の改善策，自己評価の適切さについて評価する。会議で使用する資料は，事前に送付しておく。当日，学校を公開し，授業参観等

を行った後，会議を行う。会議では，まず，学校側から重点目標の達成に向けた取組状況，外部アンケート結果，自己評価（最終期）の結果，今後の改善策について具体的に説明する。次に，学校関係者評価委員会からの質疑応答の時間を設ける。続いて，学校関係者委員が学校関係者評価の結果を取りまとめる時間を十分に確保する。なお，学校関係者評価委員から出された意見等は，校内学校評価委員会で検討し，改善策等の見直しに反映する。

④ 教職員への説明

　学校の自己評価，学校関係者評価の結果を基に学校評価書案を作成し，学校関係者評価委員に送付する。

　Ｃ小学校では，後日，学校関係者評価委員に学校を訪問していただき，学校評価書案について承認を得るようにしている。その後，職員終礼に出席し，学校関係者評価結果を直接，教職員に説明する機会をもっている。こうした交流を通して，学校関係者評価委員にとっては，学校のよき理解者として，よき応援団として，その努力を広く伝えていくことにつながる。また，教職員にとっては，自己評価結果等に対する学校関係者評価委員結果を直接説明してもらうことで，取組の成果と課題等を改めて振り返ることになる。さらに，教職員が学校関係者評価委員の役割の大切さを認識し，その努力に感謝するとともに，今後の教育活動において相互に連携するきっかけになる。

　なお，学校評価書の設置者への提出と公表については，自己評価のところで述べたので省略する。

おわりに

　もとは中学校の教員だったので，A小学校で初めて小学校の教育現場を経験した。また，校長職に就くのも初めてであった。すべてが新鮮で学ぶことの多かった充実した2年間であった。A小学校での経験と学びを活かして，B中学校，C小学校において様々な取組にチャレンジすることができた。事例として，B中学校，C小学校の実践を中心に取り上げたのは，こうした背景からである。

　論語（雍也6の20）に「之を知る者は，之を好む者に如かず。之を好む者は，之を楽しむ者に如かず」という有名な章句がある。「知る」から「好む」へ，「好む」から「楽しむ」へという順で学びが深まっていく心境が述べられている。「楽しむ」とは，対象と自己が一体になる境地である。

　翻って，学校経営を楽しんだかと問われれば，苦い経験も多々あったが，それも含めて楽しんだと言える。そう言えるのは，和やかな雰囲気の学校になっていたからである。

　日頃から，教職員間でコミュニケーションが多量に行われ，互いに自由に意見等を述べて，認め合い高め合っている。実に楽しそうである。学校行事や公開授業等では，若手の教職員が全面に出て頑張っている。その裏では，経験のある教職員が彼らをしっかりと支えている。喜びも苦しみも分かち合い，互いに刺激し合って共に伸びている。

ある日，出張先から学校に帰ってくると，児童から「校長先生，お帰りなさい」と声をかけられ，教職員からも「お帰りなさい。校長先生がおられると安心します」と声をかけられた。笑顔になり，元気が出てきたのを覚えている。学校が和やかな雰囲気であったから，苦しいことも乗り越えられ，すべてが楽しく感じられるのである。「和」を理念とした学校経営が少しずつではあるが結実しつつあると感じたものである。

　最後に，本書を出版するに当たり，渓水社の木村逸司様には多大なお力添えをいただいた。心から感謝申し上げる。

　　平成28年6月　　　　　　　　　　　　　　　　　上　岡　　仁

参考図書

- 「佐藤一斎『重職心得箇条』を読む」，安岡正篤著，致知出版社，平成24年3月
- 「修養こそ人生をひらく 『四書五経』に学ぶ人間学」，谷沢永一・渡部昇一著，致知出版社，平成20年2月
- 「『貞観政要』に学ぶ 上に立つ者の心得」，谷沢永一・渡部昇一著，致知出版社，平成20年6月
- 「三国志 人間通になるための極意書に学ぶ」，谷沢永一・渡部昇一著，致知出版社，平成14年3月
- 「子供と声を出して読みたい『論語』百章」，岩越豊雄著，致知出版社，平成22年12月
- 「四書五経一日一言」，渡部昇一著，致知出版社，平成20年3月
- 「現代語抄訳 言志四録」，佐藤一斎著，岬龍一郎編訳，PHP研究所，平成24年10月
- 「古今東西の珠玉のことば 名言の知恵 人生の知恵」，谷沢永一著，PHP研究所，平成6年8月
- 「武士道」，新渡戸稲造著，奈良本辰也訳・解説，三笠書房，平成25年9月
- 「学問のすすめ」，福沢諭吉著，檜谷昭彦現代語訳・解説，三笠書房，平成13年5月
- 「日本史から見た日本人（古代編）」，渡部昇一著，祥伝社，平成24年12月
- 「最高の戦略教科書 孫子」，守屋淳著，日本経済新聞出版社，平成26年5月
- 「私のリーダー論」，菱村幸彦著，日本教育新聞社，平成6年9月
- 「校長力を高める101の心得と実践」，寺崎千秋編集，教育開発研究所，平成18年11月
- 「道徳をどう説く 道徳教育，画餅からの脱却」，横山利弘著，暁教育図書，平成19年7月
- 「学校を改革する 学びの共同体の構想と実践」，佐藤学著，岩波ブックレットNO.842，平成24年7月
- 「学校組織マネジメント研修 〜すべての教職員のために〜 （モデル・カリ

キュラム)」，マネジメント研修カリキュラム等開発会議，文部科学省，平成17年2月
- 「ともに創ろう　おかやまの未来　－見て分かる教師ガイド－」，岡山県総合教育センター，平成27年3月
- 「通常学級の特別支援教育ガイド」，岡山県教育庁特別支援教育課，平成27年3月
- 「生きる力をはぐくむ学校経営の推進　実践事例集第28集」，平成21年度岡山県小・中学校長会連絡協議会・学校経営委員協議会，平成22年2月
- 「最終報告書『総社市における学校評価の新たな展開』，総社市教育委員会，平成22年3月
- 「総社市版　学校評価Q&A」，総社市教育委員会，平成22年9月
- 「学校評価ガイドライン（平成22年改訂）」，文部科学省，平成22年7月
- 「学校関係者評価を活かしたよりよい学校づくりに向けて」，文部科学省，平成21年3月
- 「学校評価ガイドライン」，神戸市教育委員会，平成21年3月
- 「学校評価事例集」，岡山県教育庁指導課，平成20年3月
- 「教職員の育成・評価システム　実施マニュアル」，岡山県教育委員会，平成24年3月
- 「学校改善に活かす目標管理の運用方法に関する事例研究－「共有」を核とした公立中学校の実践より－」，諏訪英弘・髙谷哲也著，学習開発研究第7号P11～18，広島大学大学院教育学研究科学習開発学講座，平成26年4月

索　引

【あ行】
アクティブ・ラーニング　56
SEL　47，57，66

【か行】
外部アンケート　89，95
学級経営案　22，23，73
学校一括交付金　30
学校経営計画書　12，14，20
学校経営方針　19，21
学校評価ガイドライン　15，84
学校評価結果説明会　95
学校評価書　95，97－99，102，103
学校評価担当者　87，88，89，93
学校評議員　95
学校不適応　63
環境分析　17，19
危機管理マニュアル　45
キャリア発達　69
共通フォルダ　37，74
協同学習　12，32，33，47，52，53，57，66，98，102
クライシスマネジメント　45
経営理念　3，6
校内学校評価委員会　87，88，89，93
コミュニケーション・ツール　86

【さ行】
最終面談　74
自己目標シート　73，74，75，77，78，79，80，81
社会貢献活動　67
社会に開かれた教育課程　71
授業のユニバーサルデザイン　56
授業力アップ振り返りシート　55，56，57，77
情緒的サポート　34，35
情報的サポート　34，35，37
情報の共用　37
人事評価制度　24，73
SWOT分析　17，19
成果指標　87
生徒指導連絡会議　44
説明責任　86

【た行】
第三者評価　96
チーム対応　4，41，42，45，61
中間面談　76
道具的サポート　34，35，37，74
当初面談　76
道徳的権威　8
同僚性　34，47，60，75
取組指標　87

【な行】
人間的魅力　3

【は行】
ピア・サポート　47, 49, 50, 57, 63, 64, 66, 97, 100
評価項目　87, 89, 93
評価指標　87, 89, 96
評価的サポート　34, 35, 37
品格教育　47, 49, 50, 66, 100
不祥事防止　40

【ま行】
マネジメントサイクル　72, 84

3つのS　19
ミニ研修会　59
ミニ講義　51
目標管理　22, 24, 37, 58, 72, 73
目標の共有　35

【ら行】
リーダー　3, 6, 8
リーダーシップ　86
リスクマネジメント　45

【わ行】
和　3, 4, 5, 38, 39, 60

【著者】

上岡　仁（うえおか　ひとし）

　昭和31年岡山県生まれ。昭和50年関西学院大学法学部法律学科卒業。銀行に勤務。その後，岡山県内の公立中学校教諭として勤務。岡山県教育委員会倉敷教育事務所学校教育課指導主事，総社市教育委員会学校教育課主幹，同課長を経て公立A小学校，B中学校，C小学校の校長を歴任。現在，中国短期大学保育学科教授。日本教育経営学会会員，プレゼンテーション教育学会会員，岡山県協力隊を育てる会会員。

　主な著書として，「学習評価に関するＱ＆Ａ」（共著）総社市教育研修所，「最終報告書『総社市における学校評価の新たな展開』」（共著）総社市教育委員会，「総社市版　学校評価Ｑ＆Ａ」（共著）総社市教育委員会，「"Hello From Okayama"岡山から"ハロー"」（共著）岡山ローバル英語研究会編　山陽新聞社などがある。

校長職と学校経営

平成28年6月30日　発行

著　者　上岡　仁
発行所　株式会社　溪水社
　　　　広島市中区小町1－4（〒730-0041）
　　　　電話082-246-7909／FAX082-246-7876
　　　　e-mail: info@keisui.co.jp
　　　　URL: www.keisui.co.jp

ISBN978-4-86327-353-5 C1037